RELIURE SERREE
Absence de marges
Intérieures

VALABLE POUR TOUT OU PARTIE DU
DOCUMENT REPRODUIT

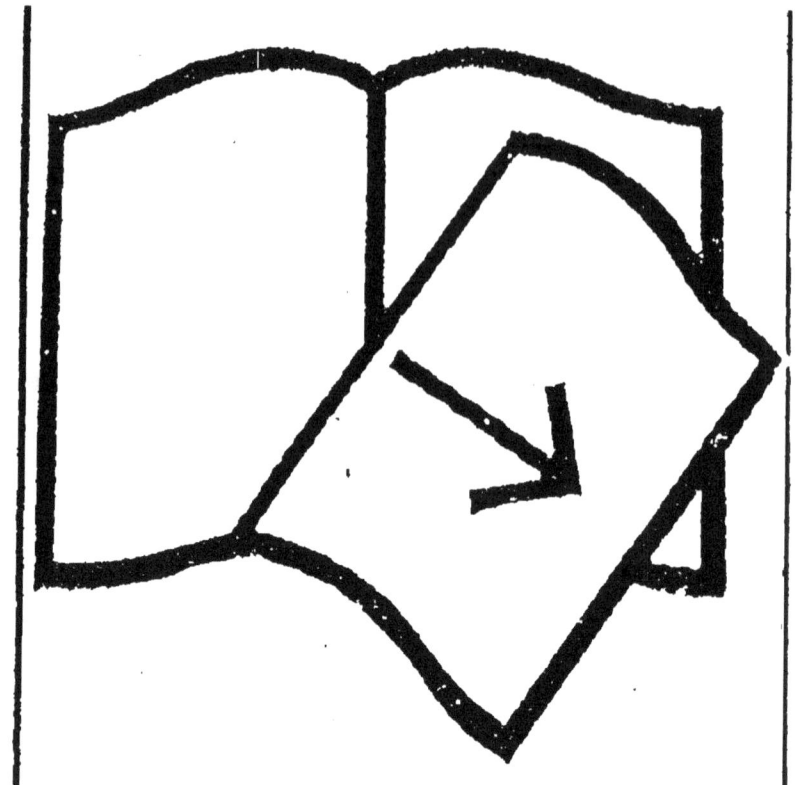

Couvertures supérieure et inférieure manquantes

NOUVELLES

HISTOIRES INCROYABLES

DU MÊME AUTEUR

Histoires incroyables. — *Les Fous.* — *Le Clou.* — *La Peur.* — *Maison Tranquille.* — *La Chambre d'Hôtel.* — *Le Testament.*

La Criminelle.

La comtesse Mercadet.

La Haute Canaille.

Le Fils de Monte-Cristo.

Histoire de cent ans (1789-1889).

Dictionnaire biographique et bibliographique de la France contemporaine.

EN PRÉPARATION :

Contes hypnotiques.

Une femme, *roman.*

JULES LERMINA

NOUVELLES
HISTOIRES INCROYABLES

PARIS
NOUVELLE LIBRAIRIE PARISIENNE
ALBERT SAVINE, ÉDITEUR
18, RUE DROUOT, 18

1888

NOUVELLES

HISTOIRES INCROYABLES

LE POMMIER

Ce n'était pas un méchant garçon que Jacques, un peu vif seulement et résistant difficilement à son premier mouvement. Étudiant en droit, très travailleur, philosophe imbu de Schopenhauer, il menait la vie dure, manquant d'argent, donnant des leçons, bref, mangeant cette vache que nulle inoculation n'a pu préserver encore de la rage.

Ce n'était pas un méchant garçon, au fond. Mais le fardeau commençait à lui sembler très lourd, et, parfois, il avait des révoltes qui pouvaient, à l'occasion, — ainsi qu'on va le voir, — l'entraîner un peu trop loin.

Un samedi d'été, l'estomac et la bourse vides, rageant à la pensée de certaine partie projetée pour le lendemain et à laquelle il ne pourrait prendre part faute d'un louis, il se mit à marcher à travers Paris, piquant droit devant lui, franchit les faubourgs et finalement, à huit heures du soir, se trouva dans la plaine d'Aubervilliers, sur une route longue et nue, ligne de craie dans le noir.

Alors, malechance insigne, de grosses gouttes de pluie commencèrent à tomber, en même temps que le tonnerre rauquait. Jacques n'était pas un poltron, n'avait pas de préjugés et se souciait fort peu de la foudre, mais beaucoup plus de la pluie qui transperçait ses habits, précieux au point de vue budgétaire, et sa peau, frêle défense contre la pneumonie.

Point d'abri; à droite comme à gauche de la route, la plaine profonde et nue. Enfin, par bonheur, un arbre, un seul, un pommier, légèrement penché, un bon diable de pommier qui ressemblait à un homme ivre, ayant son chapeau sur l'oreille. Jacques lui adressa un petit salut et se blottit sous les branches.

L'orage redoublait : évidemment Jacques, qui n'était pas un méchant garçon, se sentait pourtant exaspéré contre le sort. Ces choses n'arrivaient qu'à lui. La nature lui en voulait. Il brandit son poing vers les ténèbres où la pluie mettait des raies d'acier, ainsi qu'on le voit au théâtre.

.*.

— Brrr! Brrr! quel chien de temps! — ét un second personnage vint, tout grognant, se coller contre le tronc du pommier, le dos tourné à l'encontre de Jacques qu'il n'avait pas vu. Celui-là avait festoyé : c'était, selon toute apparence, un maquignon qui venait de conclure quelque affaire, car il grondait entre ses dents :

— C'est amusant, oui ! et ces animaux-là qui m'ont fait boire et m'ont pris ma voiture ! Revenir à pied, par un temps pareil... et avec de l'argent sur soi !

Jacques n'était pas un méchant garçon. Il faut le répéter encore une fois, car, à partir de ce moment, on aurait pu concevoir quelques doutes sur son caractère.

Entendant le bredouillement de cet inconnu et convaincu que, même sur demande polie, il n'en obtiendrait pas un prêt, Jacques tourna doucement autour de l'arbre, saisit l'homme à la gorge et, comme il était très fort, l'étrangla. Ce préliminaire accompli, il lui prit sa bourse, la vida dans sa poche, la jeta à terre auprès du corps et, comme il se faisait tard, s'éloigna dans la direction de Paris.

Le pommier, qui n'avait pas bougé pendant cet incident, se mit à le suivre.

**

Il n'est pas d'usage courant qu'un pommier suive un homme qui vient d'en étrangler un autre : il serait donc injuste de taxer Jacques de faiblesse, sous le prétexte qu'il fut un peu surpris.

Entendant derrière lui, sur la route, le glissement des racines, il se retourna et vit l'arbre, noir sur noir.

— Bon, fit-il, voici que j'ai l'esprit troublé ! manque d'habitude, sans doute. Cela se fera.

Il reprit sa marche et l'arbre continua à le suivre :

— Ou je suis fou, réfléchissait Jacques, où ce qui se produit ici est une manifestation encore inexpliquée des forces naturelles. Je le saurai bien tout à l'heure ; car il n'est pas supposable que les gabelous, qui sont hommes de sens rassis, laissent passer ainsi un pommier, sans tout au moins hasarder une observation.

A la barrière, les employés ne se dérangèrent même pas. Le pommier ne parut pas avoir souci d'eux, et Jacques et l'arbre se trouvèrent, l'un derrière l'autre, dans les rues de Paris.

Jacques se remit à méditer.

— Donc, se disait-il, il est bien prouvé maintenant que ce pommier est une forme visible du remords ; tel Banquo apparut à Macbeth, tel le Commandeur à Don Juan. Ce cas d'hallucination est d'autant plus bizarre que je n'éprouve aucun remords. Ce pommier me paraît méconnaître toutes les traditions. N'importe ! j'ai de l'argent, je passerai une bonne nuit, et le pommier, demain matin, sera retourné à sa place. Effet raté, mon bon !

C'était, on le voit, un esprit calme et qui savait se plier aux circonstances.

Il hâta le pas, non pour échapper à son pommier, qui paraissait avoir la racine infatigable, mais pour plus tôt se reposer lui-même, après avoir compté, avec satisfaction, la somme qu'il égrenait sous ses doigts, dans sa poche.

Il arriva à son hôtel, rue de Seine. Devant la porte, il se demandait si le pommier entrerait, et il eut presque un sentiment d'intérêt pour lui, en songeant à l'étroitesse du couloir dans lequel certainement il se froisserait les branches.

Il sonna, ouvrit, referma. Le pommier était resté dehors. Jacques eut un sourire, non que son pommier le gênât; mais il pensait à sa logeuse qui n'aimait pas qu'on rentrât accompagné, la nuit.

Arrivé dans sa chambre, Jacques, à la lueur de sa bougie, constata que, tant en pièces d'or qu'en écus, l'opération lui avait rapporté 800 et quelques francs. Ce n'était pas rentrer bredouille.

Soudain, il se reprocha de n'avoir pas songé à son pommier qui, en somme, avait joué très discrètement son rôle vengeur, et, soulevant le rideau, il regarda par les carreaux.

Le pommier était sur le trottoir, allant de long en large, très calme. Jacques remarqua même qu'il se détourna poliment pour laisser passer deux sergents de ville.

Jacques se coucha et dormit jusqu'au matin.

*
* *

Vers neuf heures, il s'éveilla. On frappait à coups de poing dans le panneau de sa porte. Il se dressa, les yeux gros de sommeil. Ohé! Ohé! C'étaient les amis qui venaient le chercher pour la partie projetée en vue de laquelle il avait dû se procurer quelques ressources. Tout joyeux, il ouvrit et les gais propos commencèrent, pendant qu'il s'habillait. Il glissa quelques louis dans sa poche et, dispos, descendit.

Le pommier, qui stationnait respectueusement sur le trottoir, se mit immédiatement à le suivre, en laquais de bonne maison. Jacques, qui n'avait pas de préjugés, lui adressa un petit sourire, comme à une vieille connaissance.

D'aimables compagnes attendaient les jeunes gens, en prenant, comme il convient, le vermout matinal. Jacques paya la tournée, montrant un louis qui fut salué d'un hourrah.

— Garçon, dit Jacques, donnez un vermout à mon pommier.

Le garçon, ne comprenant pas, parut vexé. Jacques rit très fort. Il lui avait semblé, d'ailleurs, que le pommier avait, de la branche, esquissé un geste de refus. Sans doute, c'était un pommier sobre ou tout au moins qui ne prenait rien le matin.

On discuta l'itinéraire, puis on se décida pour Nogent-sur-Marne. Jacques parla de fréter un sapin pour la Bastille. Ce fut un ravissement.

— Hein ? il va falloir tricoter des racines ! dit Jacques à son pommier, en lui adressant un coup de coude amical.

Impassible, le pommier se tint sur le bord du trottoir, pendant qu'on embarquait, puis il suivit le fiacre, au petit trot. Penché à la portière, Jacques le regardait. Un moment, il jeta un cri d'effroi. Son pommier avait failli se faire écraser. Par bonheur, il avait pu gagner le refuge à temps.

— Mais qu'est-ce que vous avez donc? lui demandèrent les douces créatures.

— Ne vous inquiétez pas, dit-il, j'ai mon pommier...

— Il a son pommier ! Il a son pommier ! Déjà !...

**

Au chemin de fer, le pommier ne s'égara pas. Jacques trouvait qu'après tout il y avait cruauté de sa part à surmener ainsi son arbre, auquel — parole d'honneur ! — il commençait à s'attacher. Mais il fut bientôt rassuré, le pommier descendit sur la voie — sans billet, le gaillard ! — et restant toujours dans les bonnes traditions, il se tint à la portière du wagon, caracolant à la façon d'un garde du corps suivant le carrosse du souverain.

Seulement, Jacques, tout à son pommier, négligeait un peu trop les gracieuses amies dont l'une, particulièrement, éprouvant pour lui une vive sympathie, lui adressa de doux reproches.

— Tu es jalouse de mon pommier? demanda-t-il en riant.

Pommier ! Pommier ! on se mit à chanter sur un de ces refrains qui sont les fanfares de la popularité. On improvisa même des paroles un peu vives; Jacques craignit qu'on ne blessât son pommier. Mais celui-ci gardait son impassibilité de bon goût, à l'anglaise.

A la gare, c'était une épouvantable cohue. Jacques faillit perdre son pommier ; mais rien n'est commode comme d'avoir, dans la foule, un ami de haute taille. Il le vit se dégager adroitement et reprendre son poste, fidèlement. C'était décidément un pommier de confiance.

On alla s'installer dans un cabaret, au bord de la Marne. Cette fois, Jacques se sentit mal à l'aise : n'était-il pas inconvenant, antidémocratique, de s'installer confortablement sur la terrasse, en égoïste, et de laisser son pommier seul ainsi, sur le chemin, se promenant, les branches derrière le dos ? Pourtant il n'osa pas se lever.

*
* *

O folles gaîtés de la jeunesse ! O rires argentins ! O franches lippées de fuchsine ! La causerie crépitait, les femmes se décoiffaient, les vins glougloutaient. Jacques éprouvait un exquis bien-être, ayant passé récemment par une période de privations. Il s'exaltait même un peu plus que de raison, mais que voulez-vous ? On n'a pas toujours étranglé un maquignon la veille, on n'a pas toujours un pommier qui fait le pied de grue devant son restaurant. Donc, sa joyeuseté un peu excessive était excusable, d'autant que ses amis des deux sexes ne manquaient pas à lui tenir tête.

Généreux, il jeta un verre de champagne aux branches de son pommier.

— En canot, en canot ! à l'île des Loups !

— Non, non, cria Jacques qui s'attendrissait, il ne sait peut-être pas nager...
— Qui?
— Mon p...
— Pommier, pommier! la scie est drôle! Bravo!

Jacques rougit un peu. Ces gens ne le comprendraient jamais. Il regarda son pommier, comme pour le consulter, et il lui parut que l'arbre ne redoutait pas une petite promenade sur l'eau, histoire sans doute de s'humecter la racine.

Le canot démarra. L'arbre sauta de la berge, gracieusement, et marcha sur le flot, sans faire d'embarras. Jacques le suivait de l'œil, prêt à lui tendre la perche, en cas de besoin.

*
* *

Le soir, Jacques était abominablement ivre. Il cria à ses amis :

— Vous m'ennuyez tous! Votre compagnie m'horripile, je vous lâche, je m'en vais avec mon pommier...

On rit encore, on essaya de le retenir, mais en vain. Les dames pinçaient les lèvres, vexées. Il n'y prit point garde, l'ingrat!

Il faisait nuit. Il suivit la berge, accompagné de son pommier. Seulement il éprouvait une véritable honte, car il titubait horriblement, humilié devant l'arbre, qui, n'ayant rien pris, se tenait toujours très droit, un peu gourmé même.

Jacques zigzaguait de la façon la plus déplorable, à quelques centimètres de la crête. Sentant la nécessité d'un point d'appui, il s'approcha de son pommier et lui dit, la bouche pâteuse :

— Tu es mon ami... soutiens-moi !

Et il s'affala contre lui. Mais son corps ne rencontra rien que le vide, il trébucha, roula sur la déclivité de la berge, tomba dans l'eau, eut une congestion et se noya.

Le pommier, resté seul, retourna à la plaine d'Aubervilliers.

PENDU POUR PENDU

I

CE QUE PENSAIT LE FILS DU PREMIER PENDU

« Il paraît que rien n'est plus amusant que de voir pendre un homme... En vérité, je me sens contre cette foule une haine féroce. Voilà. Il est six heures du matin. C'est dans deux heures, — oui, à huit heures juste, — que l'exécution aura lieu... et ils se pressent comme s'ils avaient peur d'arriver trop tard... Ils sortent de partout, de Ludgate Hill, de Farringdon, d'Holborn Hill. Et Old Bailey! la vieille rue de mort, est-elle assez encombrée? Newgate regarde tout cela de sa façade sombre, qui ressemble à un visage de nègre sur lequel s'est rivée une grimace convulsive que rien ne peut effacer.

« Devant la grande porte, — qu'il a franchie, *lui*, il

y a trois mois, et qu'il va franchir encore tout à l'heure pour entrer dans l'éternité, — ils ont construit l'échafaud, le sinistre piédestal de bois, surmonté de ses trois poutres, dont l'une s'appuie sur les deux autres comme sur deux béquilles (1). A la poutre d'en haut, des crochets de fer, sortes de griffes qui attendent la corde à laquelle on attachera le patient. Il fait sombre. Et, dans le brouillard, cette barre a l'air d'un bras énorme garni d'ongles du poignet à l'épaule.

« Que disent-ils donc, tous ces individus groupés au pied de la machine? Je suis sur le toit qui fait face à la prison et les voix ne montent jusqu'à moi que comme un vague murmure. Cependant, je comprends tout : ils parlent de lui, — de lui, qui est mon père, — et ils se racontent comment il est arrivé là. Ils s'animent. Ils ont de la colère. Je ne veux pas songer à cela, car je sens la haine qui me monte au cœur contre toute cette foule qui l'accuse, qui le condamne, elle aussi... Quand moi, moi qui sais tout, je l'absous et je l'admire...

« Que fait-il à présent, le pauvre condamné? Est-il éveillé? Oh! s'il dort, puisse le rêve lui donner la dernière illusion du bonheur! Puisse-t-il me voir assis à son chevet et lui disant que moi du moins je sais tout, et que, condamné par les hommes, il est absous par son fils... Je ne veux pas haïr cette foule... Ils sont trop nombreux. La haine éparpillée ne vaut rien. Son effet se perd à ne se pas concentrer sur un seul objet...

(1) On sait qu'aujourd'hui les exécutions n'ont plus lieu devant la prison de Newgate, mais à l'intérieur du bâtiment, en présence des autorités et des représentants de la presse.

Ah! si je pouvais distinguer quelqu'un! Si je pouvais diriger sur un point unique ce rayonnement de rage qui sort de mon cœur!...

« Le temps passe. L'affluence augmente. Ils s'impatientent. Sur mon honneur, ils voudraient que l'heure courût plus vite... tandis que, l'œil fixé sur l'horloge voisine, je m'accroche de mon désir et de ma volonté aux aiguilles qui me semblent glisser sur le cadran avec une intolérable rapidité... Pas si vite! pas si vite! Mais elles ne m'entendent pas. Le ressort implacable les pousse et les lance en avant... Ainsi la fatalité pousse et lance en avant l'homme qui tourne dans le cadran de la vie, où les faits sont marqués d'avance, comme ces chiffres romains sur le cercle de l'horloge....

« Ah! voici des femmes! Que viennent-elles faire ici? Elles ont des figures hideuses; avec des curiosités d'oiseaux de proie, elles regardent la plate-forme qu'elles s'exaspèrent de trouver vide... Le théâtre n'a pas encore d'acteurs... Patience! Voici que le jour blafard perce le brouillard jaune, c'est la rampe qui s'allume... La porte de Newgate est encore fermée, les histrions sont dans la coulisse... Patience! patience! bonnes âmes, on vous amusera tout à l'heure... Mon père est premier rôle... et les comparses savent bien leur partie. Lui ne jouera qu'une fois, mais il ne manquera point ses effets. Les autres ont déjà donné plusieurs représentations, et, au besoin, si le héros se troublait, ils sauront lui rappeler son rôle... C'est qu'ils ont raison! C'est bien un théâtre, et bien machiné encore... Entre les portants de la potence, il y a des trappes pour le changement à vue... Crac ! elles s'ouvrent, et, comme en une pièce de Christmas, il y a transformation... Métamorphose de l'homme vivant en cadavre.

« Et toujours il arrive de nouveaux spectateurs. On ne peut se figurer ce que cette place, qui paraît étroite, peut contenir de monde, surtout pour un spectacle gratuit. Ils y mettent de la complaisance. J'en vois qui se tournent de trois quarts pour ne pas gêner la vue de leurs voisins. C'est touchant! La colère m'étouffe. Que n'ai-je mille cordes à nœuds coulants à jeter au cou de ces mille misérables pour les soulever, d'un seul effort de poignet, à deux pieds de terre et voir leurs mille langues hors de leurs gosiers !...

« Un, deux, trois, quatre, cinq, six, sept, huit... Huit ! j'ai bien entendu. Ils se taisent. La bête féroce se recueille. La proie est proche.

« Tout à coup... il est de ces choses qui, par un effet singulier, tout insignifiantes qu'elles soient en réalité, vous frappent instantanément... un de ces visages tournés attentivement vers la porte de Newgate attira mon attention. Il n'avait certes rien de remarquable, ce visage. Il était large, rubicond, satisfait; surtout... oh! surtout, c'était là son caractère spécial, il révélait l'indifférence la plus béate, la plus oiseuse. Pourquoi cet homme se trouvait-il là, justement au pied de l'échafaud? Je jure que si vous le lui aviez demandé, il n'eût su que répondre. Il passait par là, allant de la Cité vers le West-End. — Tiens, avait-il pensé, pourquoi tout ce monde ? — Il s'était approché curieusement, avait demandé à celui-ci, questionné celui-là, si bien que la foule s'était emparée de lui, l'avait pressé, poussé; si bien enfin que, curieux d'assister à ce spectacle peut-être nouveau pour lui, il était venu voir pendre mon père... Visage bête entre tous, marqué du sceau de la curiosité idiote; je ne pouvais détacher mes yeux de cette tête qui me semblait un centre autour duquel les autres têtes n'étaient plus que des accessoires, des satellites tournant autour de cet astre de stupidité... Sa bouche bâillait légèrement, tandis que ses yeux s'ouvraient tout entiers. Je ne sais pourquoi cette physionomie m'attirait... Je reprochais à cet homme plus qu'à tout autre d'être venu contempler la terrible tragédie... N'avait-il donc rien de mieux à faire? Il portait sous le bras une serviette de sollicitor, pleine de papiers sans doute. Et il ne craignait pas, pour satisfaire je ne sais quelle démangeaison de férocité, de sacrifier ses affaires ou celles de ses clients...

« La porte de la prison s'était ouverte, puis trois hommes étaient passés par l'étroite ouverture. L'un, c'était le bourreau, messire Calcraft, vêtu de noir, avec sa barbe blanche faisant collerette; l'autre, le pasteur, froid, calme, sous son émotion de commande, un habitué de plate-forme... le troisième était mon père...

« Sais-je alors ce qui se passa? On plaça l'homme, — la chose à tuer, — sous la potence, et la corde s'enroula à son cou. Le bourreau lui enfonça le bonnet blanc sur les yeux et le nez... le bonnet moulait la figure... Puis le bourreau disparut. Une seconde après, le sol se dérobait sous les pieds du supplicié... Il tombait dans le vide... la corde le retenant par le cou. Le bourreau tirait les pieds qui gigotaient... immobilité... mort !

« Je regardai l'autre, le rubicond, le curieux... Savez-vous ce qu'il faisait? Non, vous ne vous en seriez jamais douté, vous ne le devineriez pas... Il riait, IL RIAIT ! d'un rire idiot, contenu... Il riait du bonnet blanc qui avait moulé le masque du condamné, il riait des tressaillements de ce corps agonisant... IL RIAIT !

« Quelque chose se passa en moi que je ne puis définir... comme une volonté inflexible qui s'enfonçait dans mon cerveau, comme une prise de possession de ma conscience par un projet déterminé d'avance... Et, fixant mes yeux sur l'homme qui avait ri, je lui jetai, du haut du toit, ces mots qu'il n'entendit pas :

« — Je te ferai pendre. »

II

CE QU'ÉTAIT DOGGINS, SOLLICITOR

C'était un bien brave homme que mister Doggins, et mal eût été venu le calomniateur qui eût osé du moindre souffle ternir cette honnête réputation. Le plus curieux, c'est qu'il la méritait, quoique sollicitor.

Oui, si étrange que cela puisse paraître, s'il écorchait ses clients, c'était de main si légère et si délicate que pas un ne se fût avisé de crier. On affirmait même que parfois il avait négligé de porter sur son mémoire les entretiens qu'il avait engagés sur le trottoir de la Cité avec les demandeurs, ou les réflexions nocturnes auxquelles il avait pu se livrer sur telle ou telle affaire. Comme on voit, c'était un praticien exceptionnel. C'est qu'aussi il était un bien que mister Doggins estimait au-dessus de tous : la tranquillité. Placide il était, placide il voulait rester. Sa modération n'avait pas d'autre cause. Une réclamation le mettait hors de lui, une discussion lui donnait une maladie. Sa plus grande joie était de s'enfoncer douillettement dans son fauteuil, devant les paperasses qui s'étageaient comme les redoutes d'une ville fortifiée; puis, légèrement penché en arrière, de fermer à demi les yeux et d'écouter les dissertations du client. Oh! il ne l'aurait pas interrompu pour un monde. Sommeillait-il? Écoutait-il réellement? Il eût été difficile de l'affirmer. Le seul fait exact, c'est que, dès que l'homme s'était tu, mister Doggins lui répondait invariablement par cette formule : « Avez-vous rédigé une note qui résume tous ces détails? » Si le client ne l'avait pas fait, le sollicitor lui adressait lentement une série de questions, écrivait les réponses sur un calepin *ad hoc*, et, appelant son clerc, l'invitait à entendre de nouveau l'histoire du réclamant.

— « C'était, ajoutait-il, pour contrôler ses propres impressions par celles d'autrui. »

Ceci posé, l'affaire allait piano, piano, louvoyant à travers tous les tribunaux et toutes les juridictions, s'arrêtant quelquefois des années entières sur un banc de sable, puis, tout naturellement, reprenant sa marche mésurée à travers les écueils de la procédure. Pas un choc, pas un effort violent. Il arrivait bien de temps à autre que le procès, vieille carène usée, pourrissait avant de toucher le port : le sollicitor ramassait les épaves qui surnageaient et continuait son commerce avec la meilleure placidité du monde.

Homme calme, famille calme : Missis Doggins, blonde, grasse, replète, puritaine sans intolérance, partageant ses soins entre le pudding et la tartine beurrée, se gardant bien d'adresser à son mari la moindre question relative à ses affaires, ne connaissant en fait de politique que les trois mots sacramentels : « Notre gracieuse reine ! » machine à manger, à boire, à dormir.

Petit Doggins — Jack — dix ans, les jambes toujours nues, cheveux fadasses, figure ronde, yeux d'un bleu faïence, et petite Doggins — Lucy — cheveux fadasses, figure ronde et yeux d'émail, huit ans.

Pas plus d'élan de jeunesse que de passions d'âge mûr. Lazzaroni civilisés, ne regrettant même pas le soleil, dont l'éclat les eût gênés.

L'étude de mister Doggins — dans Lincoln's Inn Fields — béait sur le square par ses deux fenêtres immobiles derrière leurs grilles de rez-de-chaussée. La plaque sur laquelle jaunissait l'enseigne du sollicitor avait l'air de s'affaisser elle-même dans une attitude languissante. Le premier clerc, sévère, grattait le papier d'un air digne ; le second clerc grattait d'un air ennuyé ; le *boy* grattait dans une attitude résignée.

Les dossiers dormaient dans des cartons verts, les cartons sommeillaient dans leurs alvéoles de bois noirci.

Calme, calme, calme.

Quant aux occupations de mister Doggins, aucun balancier de pendule n'a jamais pu atteindre la régularité chronométrique qui mettait en mouvement les rouages organiques du sollicitor. Sa vie se pouvait résumer en sept mots : Tous les jours, à la même heure.

De Christmas en Christmas, c'était une action régulière, continue, dont rien ne pouvait déranger la symétrique ordonnance. Il sortait à sept heures, rentrait à onze, passait l'après-midi à l'étude, puis le soir, de sept à neuf, allait flâner aux environs de Lincoln's Inn et de Fleet-street. Il n'avait fallu rien moins que la pendaison d'un homme pour que Doggins s'arrêtât dans sa course commencée. Et encore avait-il, devant sa propre conscience, deux circonstances atténuantes à faire valoir : la première, c'est que la foule avait, par son agglomération, brisé la rectitude de sa ligne de marche ; la seconde, c'est que là encore il ne s'était pas départi de ses habitudes, puisque, chaque fois que l'exécuteur lançait quelque misérable dans l'éternité — fait qui s'était produit trente-deux fois à Old Bailey pendant l'existence du sollicitor — trente-deux fois il avait été arrêté par la foule, trente-deux fois il avait regardé curieusement, trente-deux fois il avait ri bêtement... car c'est de lui qu'il a été question au début de cette véridique histoire.

A dix heures du soir, le sollicitor dormait : il ne se souvenait pas d'avoir rêvé une seule fois dans sa vie. La monotonie du sommeil faisait suite sans interruption à l'immutabilité de la vie.

Un jour, cependant, un rouage s'était subitement dérangé dans l'existence de mister Doggins. Un de ses clercs avait disparu : c'était quelques jours après l'exécution. Où était-il allé ? Qu'était-il devenu ? c'est ce que nul n'avait jamais pu savoir. Mais, en entrant le matin dans son office, le praticien avait été surpris — désagréablement — puisque toute surprise étant une secousse lui était nécessairement désagréable. Un meuble eût manqué tout à coup que l'effet produit eût été le même. C'était un meuble humain qui faisait défaut, le clerc n'était pas à son poste. « Il viendra demain », dit le sollicitor. Demain arriva, mais le clerc n'arriva pas. Et comme mister Doggins se sentait perplexe, un nouveau se présenta ; ses prétentions étaient modestes, il avait une belle écriture et une remarquable aptitude à noircir le papier bleu des *summonses*. De plus, allures modestes, manières calmes. Quelque chose de félin, il est vrai. Mais le chat n'est pas un animal bruyant, et il a le grand avantage de faire tous les jours son *ronron* à la même place. Mister Doggins envoya son premier clerc aux informations. Les références furent satisfaisantes. Le postulant fut agréé. Dix shillings par semaine. Il se nommait Alexander. C'était un défaut, qui fut promptement et facilement corrigé. On l'appela Ellick. Il se mit au travail, son activité s'engrena dans les autres rouages de la machine, le pendule reprit son oscillation régulière, tic-tac, tic-tac : comme dans les horloges monumentales où un saint, un coq ou tout autre être bizarre sort de sa niche, étend le bras, ou bat des ailes à telle heure qui sonne ; aux mêmes heures, mister Doggins sortit, matin et soir, de la maison de Lincoln's Inn. Et la terre continua de tourner comme par le passé.

Autre petit incident : celui-ci troubla pendant deux jours la sérénité automatique de l'homme d'affaires. Dire qu'il avait de l'ordre serait tomber dans le pléonasme. Mais ce qu'il convient de constater, c'est que nul bibliothécaire ne classa ni ne catalogua jamais les livres confiés à ses soins avec un souci plus minutieux que mister Doggins ne faisait de sa correspondance. Des reliures mobiles, à ornements de cuivre, garnies d'un ressort, mordaient de leurs dents de cuivre chaque lettre échappée à la main du *postman*, ou l'original de celles que Doggins adressait à autrui. Ici les lettres d'affaires, là les lettres de famille, en un troisième casier les lettres banales. Mister Doggins attachait à ses registres un intérêt tout spécial. Chaque feuillet de papier vergé portait un numéro d'ordre qui renvoyait à une nomenclature avec sommaire. Depuis l'accusé de réception le plus important jusqu'à la commande de la plus humble paire de guêtres, tout était noté, classé, encatalogué. Un monument, et dont le sollicitor était assez fier, disant parfois : « Voilà ma vie ! » Comme s'il eût défié l'expert le plus retors d'y découvrir un chiffre irrégulier. Il n'envoyait jamais une lettre, fût-elle de deux lignes, sans en avoir pris la minute, à la main, bien entendu. L'incident dont il s'agit fut la disparition d'une lettre de quarante mots à peu près. Elle n'était pas de bien grande gravité, puisqu'il ne s'agissait que de la demande d'un *lobster*, ou homard, à Perkingby de Billingsgate.

Mais enfin où était cette lettre? Comment avait elle disparu? Qui s'en était emparé? Mister Doggins sut la reproduire de mémoire, et ainsi fit-il en soupirant. Il lui semblait qu'il commit une sorte de sacrilège, introduisant dans son musée une contrefaçon d'un original manquant. Il avait bien songé à demander à Perkingby la lettre reçue par cet honorable poissonnier. Mais Perkingby avait dû avouer qu'il s'en était servi pour envelopper un hareng salé, vendu à un matelot qui devait être « à l'heure qui sonne » en route pour Calcutta.

Ce fut un nuage que le temps dissipa.

III

LA FOLLE DE FARRINGDON

Ce matin-là, Davids, l'épicier, dont la boutique est si honorablement connue, au coin de Chatham-place, s'aperçut que, depuis deux jours, un changement s'était produit dans ses habitudes. Tout d'abord il ne se rendait pas un compte exact de ce qui pouvait lui manquer. Mais, s'étant plongé pendant quelques minutes dans un abîme de réflexions, il en sortit bientôt, remontant à la lumière muni d'une question qu'il adressa aussitôt à Will, son garçon de confiance.

— Il me semble que nous n'avons pas vu la petite, hier.

Will se gratta; le résultat de cet exercice fut une réponse intelligente à tous égards :

— Vous avez raison, patron.

— Et si je ne me trompe, continua Davids avec la ténacité d'une inflexible logique, elle n'est point venue ce matin...

— Elle n'est pas venue ce matin.

Il y eut un silence.

— Belle journée, reprit Davids.

— Belle journée, opina Will.

Cette constatation faite, Davids se décida à revenir au sujet de ses préoccupations. Et préoccupation est le mot juste, car s'il eût été moins préoccupé, il aurait reconnu que la phrase — belle journée — constituait un euphémisme intolérable, tant le brouillard était dense et jaune.

— Est-ce que Marien serait malade ?

— Elle est peut-être malade, fit Will-écho.

— Si vous alliez voir, ajouta Davids.

— J'y vais, consentit le garçon.

Marien la folle était une pauvre fille, venue on ne sait d'où, allant à travers sa vie de ténèbres, sans but défini. Un jour, on l'avait trouvée à demi morte de faim et de froid à l'entrée du pont de Blackfriars. On la crut muette tout d'abord, et quand elle leva sur ceux qui lui portaient secours d'admirables yeux bleus, ombrés de cils noirs, elle ne dit pas une parole, mais sourit comme une enfant qu'elle était, en découvrant de jolies dents blanches. Elle avait alors — Davids n'en aurait pas fait le serment devant le juge, mais c'était là une appréciation probable — six ou sept ans.

Un gentleman, bien mis, à ventre respectable, à chaîne d'or lourde et massive, s'approcha du groupe qui entourait la gracieuse délaissée et, dans un élan de générosité, tel que savent seuls en trouver dans leur âme les vrais philanthropes, proposa de l'envoyer immédiatement au Workhouse.

Davids, l'épicier, eut l'impudence de regarder le bienfaiteur de l'humanité de la façon la plus impertinente du monde et de laisser échapper cette parole un peu vive :

— Pour qu'elle y crève plus vite, n'est-ce pas ?

Le bienfaiteur comprit qu'il avait en face de lui un de ces ingrats qui ne sont pas en extase perpétuelle devant la charité administrative et tourna le dos en haussant les épaules.

Davids releva la petite et l'emmena — la tenant par la main — jusqu'à sa boutique. Là, il lui donna à manger et à boire, la vêtit de petits habits qui lui restaient de sa fille, morte deux ans plus tôt, envoya le prédécesseur de Will acheter une poupée à tête énorme et se mit très tranquillement à débiter son thé à deux shillings, en jetant de temps à autre un regard vers la mignonne, qui, elle, assise à terre, tenait, la tête en bas, le pantin de bois, et semblait toute pensive. Elle n'était pas muette : elle parla de cette voix un peu criarde des enfants ; puis elle se mit à pleurer. Que disait-elle ? et pourquoi pleurait-elle ? C'était une incohérence complète. Les mots venaient sur ses lèvres sans liaison, sans suite, sans but. Rires ou larmes étaient inconscients. La pauvre petite était *innocente*, mot bienveillant inventé à l'usage des fous intéressants.

Davids était bon à la façon anglaise, sans emportement, mais avec persistance. Les Saxons, qu'on dit si lourds, ont, en affection, la main plus légère et plus délicate que celle de la plus gracieuse Latine. Ce qu'ils ont commencé, ils l'achèvent. De la minute où l'abandonnée était entrée dans la boutique de l'épicier, il se considéra — sans le savoir, sans se l'avouer, — comme lié par un devoir. La petite grandit. Davids essaya de tous les moyens pour éveiller l'intelligence dans l'âme obscurcie de sa protégée. Médecins et professeurs y perdirent leur grec; la petite écoutait docilement, se prêtait à toutes les tentatives. Il fallut bien se rendre à l'évidence, on l'aima, mais on l'appela la folle. Bien souvent on offrit à Davids de la placer dans un asile. Le brave homme refusa. Si le cerveau de Marien — nom qui lui avait été donné — était lent et inhabile à toute conception, ses mains étaient agiles. Elle devint brodeuse. Dès qu'elle fut grande — j'entends seize ans — Davids la plaça dans un atelier, et la pauvrette, toujours silencieuse, devint une brodeuse de premier mérite. La boutique était trop triste. Davids la logea dans une petite chambre de Farringdon-street, et là, tous les matins, on voyait Marien sortir, souriant d'un sourire éternel, comme si ne pas savoir équivalait à ne pas souffrir. Elle venait embrasser Davids, puis se rendait à son travail.

Or, le matin précédent, elle n'avait point paru. Et aujourd'hui encore, Davids ne l'avait pas vue. Etait-elle souffrante? Que pouvait-il s'être passé? Hier, elle avait pu se lever tard et se hâter pour arriver à l'heure exacte au magasin. Mais deux jours de suite! elle n'était pas intelligente, elle ne pouvait être ingrate.

Will — qui certes ne faisait pas cette réflexion philosophique — courut — lentement comme un digne Londonien — au coin de Farringdon-street. Mais à quelques pas de la maison vers laquelle il se dirigeait, il s'arrêta tout à coup bouche béante. Il y avait foule devant la bâtisse noirâtre, et des policemen affairés allaient et venaient. Cloué un instant sur la place par la surprise, Will s'avança et s'écria :

— Qu'y a-t-il dans la maison? Pourquoi tout ce monde ?

— Ah! c'est vous? dit une femme. Eh bien! elle est dans un triste état, la protégée de M. Davids.

Sans entendre un mot de plus, Will joua des coudes et se fraya un passage à travers la foule. La pauvre Marien occupait une petite chambre au rez-de-chaussée de la maison; il franchit d'un bond les quelques marches du perron, et s'élança dans la pièce, en écartant vivement deux policemen qui en gardaient l'entrée. Mais là encore l'émotion le saisit à la gorge, et il lui fut impossible de faire un pas de plus.

Sur le lit, qui se trouvait en face de la porte, gisait étendue, inanimée, la jeune fille, dont le visage affreusement pâli était plus blanc que le drap qui la recouvrait à demi. Le coroner était auprès d'elle, tandis qu'un médecin soulevait le corps inerte et appuyait l'oreille contre la poitrine de la jeune fille.

— Est-elle morte ? cria enfin Will.

Lui aussi avait vu Marien toute petite, alors qu'il n'était encore qu'un gamin, et bien souvent il avait joué avec elle à cache-cache derrière le comptoir à Davids. Aussi, malgré sa nature lourde et peu expansive, avait-il pour elle une affection à la fois fraternelle et respectueuse.

A ce cri guttural — Est-elle morte? — le magistrat et le praticien se retournèrent.

— Qui êtes-vous ? demanda le premier.

— Est-elle morte, monsieur ? répéta encore Will.

— Non, fit simplement le médecin.

— Vous connaissez cette jeune fille ? reprit le coroner.

— Si je la connais ! mais c'est ma petite amie, c'est la pauvre folle de M. Davids !

Ces propos semblant assez incohérents au représentant de l'autorité pour qu'il jugeât à propos de les éclaircir plus tard, il fit signe à l'un des policemen de se tenir auprès de Will qui, instinctivement, comprit que le mieux, en ce moment solennel, était de garder le silence. Mais si sa langue était inactive, ses yeux remplissaient de leur mieux leur office.

Et voici ce qu'il voyait :

Sur le lit, sur le plancher, sur la petite table qui servait de toilette, des traces sanglantes. Le store de la fenêtre était violemment arraché, le tapis était tordu sur lui-même, comme si on l'eût dérangé involontairement en trépignant. L'unique chaise était renversée. Évidemment tout était encore dans l'état où l'avaient trouvé ceux qui, les premiers, avaient pénétré dans la chambre.

Le médecin poursuivait silencieusement son œuvre, ce qui rassura Will, car on n'est pas aussi patient avec un cadavre. A ce moment, l'homme de l'art fit un signe au coroner en lui désignant le visage de la jeune fille ; une sorte de coloration mate remplaçait peu à peu la teinte verdâtre qui couvrait son front et ses joues. Puis, tout à coup, ses yeux s'ouvrirent, comme si les nerfs des paupières eussent été violemment secoués par une commotion électrique.

Will ne put réprimer une exclamation de joie : il avait eu si grand'peur ! Marien vivait, c'était tout ce qu'il désirait savoir. Maintenant il pouvait retourner auprès de Davids, il serait toujours temps ensuite de rechercher les causes de l'accident. Donc Will fit un pas en arrière pour s'éloigner ; mais la main du policeman se posa sur son bras. Will, surpris, regarda l'homme avec effarement : celui-ci interrogea du regard le coroner qui lui avait donné l'ordre de retenir Will.

En ce moment, le médecin parlait à voix basse au magistrat.

— Je crois, lui disait-il, que dès à présent nous pouvons répondre de la vie de cette enfant ; je vais m'occuper des constatations nécessaires pendant que vous procéderez à la première enquête.

Le coroner s'éloigna du lit et, se trouvant en face de Will :

— Amenez le garçon dans l'autre pièce, dit-il au policeman ; je vais lui parler.

Will se prit à trembler de tous ses membres : comme pour la plupart des hommes sans éducation, rien n'était plus terrible à son avis qu'un interrogatoire. Sa langue se colla à son palais, et, de même qu'il arrive, dit-on, pour les condamnés à mort, la salive se sécha dans son gosier. Cependant un respect instinctif l'empêcha de bouger, et lorsque, le coroner étant sorti, le policeman attira doucement l'aspirant épicier hors de la chambre de Marien, celui-ci le suivit sans résistance.

L'enquête première avait lieu dans une pièce du rez-de-chaussée faisant face, de l'autre côté du couloir d'entrée, à la chambre de la jeune fille; cette pièce était occupée par la principale locataire de la maison, qui louait les divers étages en garni. Cette honorable industrielle s'était hâtée de mettre sa chambre à la disposition de l'autorité. Une table avait été placée au milieu, avec plumes, encre et papiers. Le coroner s'installa dans un vieux fauteuil de moleskine noirâtre et, relevant la tête avec la dignité qui convient aux représentants de la loi, il appela Will d'un geste :

— Vous connaissez cette fille? lui demanda-t-il.

— C'est la fille... pas la fille..., mais enfin c'est tout comme... la fille de M. Davids...

— Quel est ce M. Davids?

— L'épicier de Chatham-place...

— Dites-moi tout ce que vous savez, comment M. Davids et vous connaissez cette fille? et surtout ne cherchez pas à tromper la justice...

— Tromper! et pourquoi? exclama Will, je ne sais pas ce qui est arrivé, mais M. Davids... et moi aussi...

2.

nous donnerions un petit doigt de la main gauche pour que la pauvre chère n'eût point de mal.

Et le brave garçon, d'une voix entrecoupée par l'inquiétude et l'émotion, raconta les faits que le lecteur connaît déjà... comment la petite Marien avait été recueillie... comment M. Davids l'avait traitée comme son enfant... comment elle s'était habituée au travail. Il rappela sa douceur, son activité et, enfin, il fit part au magistrat de l'inquiétude qui s'était emparée d'eux, en raison de l'absence prolongée et inhabituelle de Marien.

— Allez chercher M. Davids, dit le coroner à Will.

Celui-ci ne se fit pas répéter cet ordre : il toisa le policeman comme s'il l'eût sommé d'obtempérer à la décision du magistrat. Celui-ci s'écarta d'ailleurs sans aucune protestation et Will s'élança dehors.

Le coroner, procédant à son enquête, entendit successivement la propriétaire de la maison, le locataire qui habitait la chambre située juste au-dessus de celle de Marien et qui n'était autre que l'honorable M. Hardwin, employé chez MM. Carter et C°, Lombard-street.

Voici ce qui ressortait de l'ensemble des divers témoignages rapidement recueillis.

Les habitudes de la jeune fille étaient celles d'une honnête et chaste ouvrière : elle travaillait dans l'atelier de MM. Wibbston, *appointed to the Queen*, fournisseurs de Sa très gracieuse Majesté. Tous les matins, elle sortait de sa chambre à sept heures et se rendait à Finsbury-square, la distance à parcourir demandant à peine un quart d'heure de marche. Puis elle quittait l'atelier à sept heures du soir et, depuis deux ans, il n'y avait pas d'exemple qu'elle fût rentrée — même de dix minutes en retard — soit chez Davids, soit dans la maison qu'elle habitait. Les voisins la voyaient peu : s'ils la rencontraient, ils la saluaient d'un signe de tête auquel elle répondait par son éternel sourire. Elle faisait son petit ménage elle-même, et nul — si ce n'est parfois la propriétaire qui l'avait, comme tout le monde, prise en affection, — ne pénétrait dans sa chambre. Elle faisait si peu de bruit, la pauvrette ; elle glissait si doucement dans la vie que c'est à peine si on avait autour d'elle conscience de sa présence. Seulement, quelquefois, elle chantait d'une voix lente et basse quelque mélopée monotone, sorte de bercement répondant au demi-sommeil dans lequel se perdait sa pensée.

Le matin du jour où Davids s'étonnait de son absence prolongée, M. Hardwin, descendant de chez lui pour aller à son bureau, remarqua que la porte de la jeune fille n'était pas fermée, mais seulement tirée contre le portant. Il n'eût point fait attention à cette circonstance insignifiante en elle-même, si déjà, la veille, il ne l'eût remarquée. Or, M. Hardwin était un de ces hommes qui font tous les jours pendant vingt ans le même trajet, de leur demeure à leur bureau, de leur bureau à leur demeure, qui sont habitués à voir les mêmes pierres, les mêmes murs, à descendre les mêmes trottoirs, à traverser les mêmes chaussées et qui, mieux que n'importe quel spécialiste, connaissent et aiment à reconnaître chaque détail de leur itinéraire. Le pèlerinage de M. Hardwin commençait au seuil de sa chambre, il savait le nombre des marches de l'escalier.

Il jetait invariablement les yeux du même côté, comme un acteur jouant depuis cent représentations le même rôle. Il était donc naturel que l'état de la porte de Marien arrêtât son regard et non moins naturel qu'il fût pris du désir de rétablir les choses dans leur état normal. Il frappa donc à cette porte afin de demander à Marien de vouloir bien la fermer. Point de réponse. Il crut alors à un oubli et poussa la porte pour s'assurer que la jeune fille était bien sortie.

C'est alors que le plus étrange spectacle s'offrit à ses regards.

Les meubles, comme nous l'avons dit, étaient renversés sur le tapis replié sur lui-même, et, au coin du lit, à genoux, les bras pendants, la tête baissée, était le corps de Marien, insensible, immobile. M. Hardwin n'était pas doué d'une telle force de caractère que ce spectacle ne lui causât une sensation des plus pénibles. De plus, c'était un formaliste qui ne se souciait guère de se mêler, sans l'assistance de quelque témoin, à une affaire que dès à présent et à première vue il jugeait devoir nécessiter l'intervention de la justice. Il se hâta donc d'aller prévenir la propriétaire, la digne missis Blount, qui commença par lever les bras au ciel et rester dans l'attitude de la Niobé antique. M. Hardwin lui fit observer que peut-être il serait plus urgent de relever la jeune fille, ce à quoi, d'ailleurs, elle consentit de bonne grâce.

Marien était affaissée sur elle-même : les deux personnages la saisirent, M. Hardwin par les bras, missis

Blount par les pieds ; les membres avaient la rigidité cadavérique, les mains étaient crispées.

— Voyez, cria missis Blount, là, à son cou.

Ce qu'elle désignait avec terreur, c'était une corde fortement roulée autour du cou de la malheureuse. Et, détail navrant, cette corde était celle qui lui avait servi dans ses jeux enfantins et qu'elle avait soigneusement conservée. Cela se reconnaissait aux deux poignées de bois qui en garnissaient les deux extrémités. C'était même au moyen de ces poignées que l'assassin — car il n'était point douteux qu'il n'y eût crime — avait produit la suffocation.

Les vêtements de Marien étaient lacérés, sa jupe était en pièces, son corsage, qu'on avait tenté d'arracher, était largement déchiré à l'épaule. Enfin, sur la chair blanche de la pauvre enfant, on voyait, au-dessous de la clavicule, une blessure sanglante large de deux pouces environ. Le sang, qui s'était échappé en abondance, couvrait et maculait son sein de vierge.

Missis Blount n'en pouvait croire ses yeux. Son premier sentiment — tout égoïste — n'était autre que la colère.

Comment ! un crime avait été commis chez elle ! Sa maison était à jamais déshonorée !

Et ce ne fut qu'après avoir exhalé son désespoir, contenu, qu'elle se prit à plaindre la malheureuse victime d'un guet-apens odieux.

Comme au premier coup d'œil il semblait que tous les soins fussent superflus, M. Harwin émit l'avis prudent qu'il était utile d'avertir la police : mais comme ni l'un ni l'autre, ne se souciait de rester seul avec le cadavre, missis Blount souleva le châssis de la fenêtre, et, d'une voix glapissante, appela les voisins à la rescousse. Ce fut, en quelques minutes, une invasion de curieux, sympathique d'ailleurs pour la plupart, car Marien, pauvre et douce enfant, s'était, par son malheur et sa résignation, concilié l'affection générale.

Ce n'était qu'exclamations, que malédictions adressées à l'auteur de l'attentat, quel qu'il fût. Et point n'est douteux qu'au premier moment, s'il se fût présenté devant la foule, la loi de Lynch ne se fût trouvée subitement importée en Angleterre.

Quelques instants après, les agents de la force publique intervenaient : puis le coroner était appelé, et avec lui le médecin. Nous avons vu que ses soins avaient été suivis de succès.

De son rapport sommaire, communiqué immédiatement au magistrat, il résultait que la jeune fille avait été l'objet d'une tentative infâme : un séducteur — le mot employé ici par euphémisme — s'était introduit dans sa chambre — restait à découvrir par quel moyen — et, en face de la résistance de la folle, il n'avait pas hésité à employer les dernières violences ; il l'avait frappée d'un instrument tranchant qui, au dire de l'homme de l'art, devait être une sorte de couteau très court, un grattoir ou un canif. La victime, en se débattant, avait fait glisser l'arme, qui avait déchiré la poitrine sans l'entamer profondément. Affolé par la colère et la passion, il avait alors ramassé la corde que le hasard plaçait sous sa main, et il avait serré la gorge de la malheureuse. Sans doute, à ce moment, quelque circonstance inconnue l'avait troublé dans son œuvre de mort et d'infamie... car, des deux crimes tentés, aucun n'avait été consommé.

Mais quelle avait été l'attitude de la folle au moment de cette brutale agression : il paraissait évident qu'elle n'avait poussé aucun cri et que la lutte avait été silencieuse. Comment expliquer autrement qu'aucun des locataires n'eût rien entendu ?... Mais, qui peut prévoir comment agit un être privé de sa raison ? Une sorte d'instinct — naturel et raisonné — lui avait donné la volonté d'opposer aux brutalités dont elle était l'objet une courageuse résistance.

Lorsque l'assassin s'était enfui, elle s'était évanouie, puis était tombée dans une longue léthargie. Combien de temps avait-elle duré ? C'est ce qu'il était important de constater, car on ne pouvait être fixé autrement sur le moment probable du crime.

Mais ici encore on recueillit de précieux témoignages : une voisine, habitant le deuxième étage, était rentrée l'avant-veille à neuf heures du soir. Elle n'avait pas remarqué si la porte de Marien était fermée ou non. Cependant, elle se souvenait parfaitement d'avoir vu, sous le chambranle, une large bande de lumière. Or, à l'appui de ce dire, venait ce détail, constaté par l'enquête, que sur le *desk* ou commode se trouvait, dans un bougeoir, les restes d'une bougie qui avait brûlé jusqu'à l'extrémité, coulant et grésillant sur la bobèche de porcelaine. De plus, missis Blount se souvenait que cette bougie était fort courte et ne pouvait pas avoir été renouvelée. D'où cette certitude :

Le crime avait été commis le mercredi précédent — on était alors au vendredi matin — entre sept et neuf ou dix heures du soir.

Ce point acquis, comme à sept heures la porte de la maison était encore ouverte, rien n'était plus explicable que l'entrée du malfaiteur, qui évidemment avait guetté et suivi la pauvre enfant. Sans doute, il avait pénétré dans sa chambre en même temps qu'elle, avait fermé la porte derrière lui, puis l'avait rouverte pour s'échapper ; quant à la façon dont il était sorti de la maison, il était difficile de se rendre compte de l'heure de son évasion. Car, en tout état de cause, la porte extérieure eût-elle été fermée du dehors, elle se pouvait ouvrir du dedans par le moyen banal d'un loquet. Cependant, selon l'opinion la plus probable, il s'était déjà échappé, lorsque la voisine était passée devant la chambre de Marien.

Comme l'ouvrière mettait elle-même de l'ordre chez elle, missis Blount n'avait point pénétré dans la chambre et, seule, l'observation de M. Harwdin avait amené la découverte de la triste réalité.

Restait à connaître l'auteur de ce lâche attentat ; il y avait tentative de meurtre, entourée de toutes les circonstances les plus aggravantes. L'opinion publique était vivement émue et, dès le soir, le *Daily News* et *l'Evening Star* adressèrent à la police les plus ardentes objurgations. Il fallait que justice fût faite, la pauvre folle devait être vengée. Les *reporters* se mirent en campagne, les meilleurs agents de Scotland Yard se lancèrent à la piste du coupable; une récompense de cinquante livres fut promise à qui fournirait des renseignements; mais il semblait qu'un mystère impénétrable enveloppât cette ténébreuse affaire.

Quant à Marien, son état avait inspiré les plus pénibles inquiétudes : la fièvre chaude secouait son cerveau, et, chose étrange, un mutisme absolu paralysait sa langue. En vain, dès qu'elle fut plus calme, avait-on tenté d'obtenir d'elle quelque éclaircissement. Elle ne comprenait aucune des questions qui lui étaient adressées et paraissait n'avoir même point conscience du fait dont il lui était incessamment parlé!...

IV

COMMENT QUELQU'UN ÉPROUVA UNE GRANDE SURPRISE

Revenons à l'office de mister Doggins.

Quinze jours environ s'étaient passés depuis le crime de Farringdon, lorsqu'un matin quelqu'un pénétra dans l'étude du vertueux sollicitor. C'était un homme d'assez haute taille, vêtu d'une redingote sérieusement boutonnée, aux favoris d'un roux ardent et aux yeux absolument cachés par une paire de lunettes bleues. L'étude avait son aspect ordinaire de sépulcre légal. Les clercs étaient à leur place, et pas un ne daigna lever la tête lorsque l'étranger poussa la porte pour s'introduire dans le sanctuaire chicanier.

— M. Doggins, sollicitor? demanda-t-il poliment, c'est-à-dire à la mode anglaise, sans porter la main à son chapeau.

Sans proférer une parole, un des clercs fit ce geste télégraphique par lequel un cantonnier indique au mécanicien d'un chemin de fer qu'il peut pousser en avant; l'homme suivit du regard la direction indiquée par ce levier complaisant et, voyant en face de lui une porte sur laquelle se trouvait inscrit, sur une plaque de cuivre, le mot : *Private*, autrement dit cabinet particulier, il traversa le sépulcre et mit la main sur la serrure du caveau principal. La porte s'ouvrit et l'étranger se trouva en face de mister Doggins, rondement campé sur son fauteuil de cuir. Le sollicitor vit l'homme, lui adressa un sourire et attendit :

— Mister Doggins, répéta l'inconnu.
— C'est moi.
— Mister Doggins, sollicitor?
— Lui-même.
— Serez-vous assez bon, monsieur, fit l'homme, pour prendre la peine de venir avec moi...?

Le praticien eut un moment de surprise. Quel pouvait être cet étranger qui l'invitait à sortir, lui, l'homme régulier par excellence, alors que tout le monde savait ou devait savoir que ce n'était pas son heure?

— Mon cher monsieur, répondit-il avec douceur, vous vous méprenez sans doute...; à cette heure, mes occupations m'absorbent à tel point qu'il me serait impossible de me rendre à votre désir.

Cette considération parut ne toucher que très médiocrement l'homme sérieux, qui reprit à son tour :

— Je suis au regret de vous déranger ; mais il faut absolument que vous veniez avec moi...

— Je vous répète qu'il m'est de toute impossibilité...

L'homme sérieux fouilla dans sa poche, exhiba un portefeuille de mauvaise mine, sombre et noirâtre, l'ouvrit, en tira quelques papiers, puis, délicatement, sépara des autres pièces une feuille de magnifique papier bleuâtre qu'il déplia, non sans un certain respect. En haut de la feuille se trouvaient les armes révérées de la vieille Angleterre, puis des lignes imprimées et un nom écrit à la main ; le tout avait des allures officielles et quelque peu inquiétantes. Mais mister Doggins en avait vu bien d'autres et continuait à sourire. Cependant ce papier bleu, porté en avant par le bras de l'inconnu, s'étendit près des yeux du sollicitor, dont la sérénité se troubla tout à coup. C'était un mandat ordonnant à tous agents de la force publique, au nom de notre très gracieuse reine, d'appréhender au corps et de conduire en lieu sûr mister Edwards Harry Doggins, sollicitor.

— Mais... il y a erreur... erreur, s'écria le praticien.

L'agent de police — car telle était la qualité de l'homme sérieux — exprima par un geste éloquent son aveugle soumission aux ordres de l'autorité, dont pas un seul instant il ne pouvait admettre la discussion. Doggins regarda autour de lui comme pour protester devant tous les légistes de l'Angleterre contre la violence qui lui était faite, puis il relut le papier bleu, se leva, prit son chapeau, sa canne, et suivit l'agent.

Les clercs virent, ébahis, le patron qui sortait à une heure inaccoutumée.

Doggins ne souriait plus, mais il était profondément surpris.

V

EXTRAIT DE L'ÉCHO, JOURNAL QUOTIDIEN, A UN HALF-PENNY.

« Toutes les fois qu'un crime nouveau vient épouvanter la société, il importe au philosophe de faire porter son examen sur les circonstances qui le rendent plus ou moins grave au point de vue de la moralité publique; dans le cas qui nous occupe aujourd'hui, c'est avec la plus profonde douleur que nous enregistrons le nom du coupable — ou du moins de l'accusé: car, malgré toute l'évidence des preuves qui accablent M. Doggins, nous n'oublierons jamais que dans notre pays, si respecteux des droits de la défense, l'accusé est et doit être toujours réputé innocent. Ces réserves faites, nous allons faire passer sous les yeux de nos lecteurs les diverses circonstances qui prouvent, à n'en pouvoir douter, la culpabilité du sollicitor assassin.

» Personne n'a oublié le crime de Farringdon; une malheureuse enfant, recueillie par la charité privée — et en passant adressons nos sincères félicitations à M. Davids

— une pauvre fille, douce et inoffensive, qui avait su se concilier la sympathie de tous, est trouvée dans sa chambre, demi-morte; elle a été frappée d'un instrument tranchant, on a tenté de l'étrangler, enfin le misérable l'a menacée des derniers outrages. Du reste, aucun indice qui pût mettre sur la trace du coupable. Tout avait été combiné avec une adresse si infernale, faisant ressortir la prudence et l'hypocrisie de l'assassin, que l'imagination se perdait à la recherche du fil qui devait guider la justice dans ce douloureux labyrinthe.

» Quant à la folle, sa raison déjà ébranlée n'avait pu résister à ce dernier coup : c'est à grand'peine déjà que l'art médical avait pu l'arracher à une mort certaine. Par malheur, elle avait absolument perdu l'usage de la parole, ou du moins sa monomanie avait pris le caractère du mutisme le plus complet; il a donc été impossible d'obtenir de la blessée le moindre détail qui pût éclairer la police.

» En vain avait-on épuisé toutes les recherches, en vain avait-on offert les récompenses les plus élevées à quiconque pourrait fournir quelque renseignement.

» Mais la Providence veillait : un de nos magistrats les plus honorables et les plus honorés, M. W..., avait été chargé de l'instruction. Il s'était senti ému dans sa conscience d'homme et de justicier, et l'état de la jeune Marien, si propre à inspirer la sympathie, avait doublé en lui la volonté de parvenir à son but. C'est alors que, par une inspiration digne de toute notre admiration, et bien que plusieurs fois déjà la chambre où s'était commis le crime eût été visitée et soigneusement examinée,

M. W... se rendit de nouveau sur les lieux. Là il se livra à une perquisition minutieuse. Les meubles furent déplacés, on remua les cendres du *stove*.

» M. W... trouva enfin un papier qu'un homme moins habile eût déclaré insignifiant. A quoi tiennent les destinées humaines, et combien l'impunité des scélérats dépend de peu de chose! Ce papier était une lettre, ou plutôt la minute d'une lettre, pliée en trois, noircie aux bords comme si elle était restée plusieurs jours dans une poche. Elle était adressée à M. Perkingby, le célèbre *fishmonger* de Billingsgate. La signature était illisible; le texte de la lettre relatait la commande d'un homard de la meilleure qualité. Elle portait l'entête de M. Doggins, sollicitor, Lincoln's Inn-square.

» Comment, par quelle étrange circonstance, cette lettre se trouvait-elle dans la chambre de la victime? Cette question semblait bien obscure, mais la lumière allait se faire. Ne voulant pas attacher d'abord à cette pièce plus d'importance qu'elle n'en avait peut-être en réalité, l'honorable magistrat fit appeler auprès de lui Perkingby, qui déclara que le sollicitor Doggins lui avait en effet parlé d'une lettre relative à un homard et qui s'était égarée.

» Les témoignages recueillis dans la longue enquête à laquelle on s'était livré s'accordaient à signaler un individu qui plusieurs fois avait paru sur le chemin de la jeune fille, soit qu'elle sortît de son magasin, soit qu'elle arrivât chez elle. C'était, affirmait-on, un homme assez corpulent, vêtu d'une redingote de drap noir, coiffé d'un chapeau de forme basse, à larges bords, portant canne à grosse pomme d'ivoire. Ce détail revint à la mémoire du magistrat qui eut l'inspiration de s'enquérir du costume habituel du sollicitor Doggins. Or, celui qui n'était pas encore soupçonné, mais qui devait être reconnu bientôt pour le coupable, est un homme d'une cinquantaine d'années, gros, portant *toujours* une redingote noire et un chapeau bas à larges bords. Enfin, pour compléter la description, est-il besoin de dire qu'il s'appuyait *toujours* sur une canne à pomme blanche. Ici, la justice hésita. Était-il admissible qu'un homme tel que M. Doggins, remplissant une des plus honorables fonctions de la société, marié, père de famille, se fût rendu coupable d'un crime aussi atroce; de telles passions indomptables, terribles et allant jusqu'à l'attentat, pouvaient-elles sommeiller dans l'âme de cet homme dont tous vantaient la placide honnêteté ?

» Avant d'agir, M. W..., dont on ne saurait trop louer la minutieuse prudence, s'enquit des habitudes du sollicitor. Or, il a été révélé immédiatement par des témoignages irrécusables que le jour du crime il s'était absenté de chez lui de sept heures à neuf heures du soir.

» Il n'y avait plus à hésiter. La vérité éclatait, le devoir du magistrat était tout tracé. Un mandat d'arrestation fut lancé contre le sollicitor Doggins, qui, bientôt, se trouva sous la main de la justice, en face du magistrat instructeur.

» Jamais, peut-être, l'hypocrisie humaine n'atteignit un développement plus complet que dans l'âme de ce monstre à face humaine. A toutes les questions qui lui furent adressées, il ne répondit que par les dénégations les plus violentes. Cette nature — qu'on s'accordait à croire douce et malléable — se révéla comme énergique et implacable. Doggins alla jusqu'à insulter le magistrat qui l'interrogeait, s'écriant que c'était un complot pour le perdre. En vain la douceur fut employée, en vain alla-t-on jusqu'à lui faire espérer qu'un aveu lui concilierait peut-être la bienveillance et la pitié de notre magnanime souveraine. Tout fut inutile, le cynisme de cet homme fut inébranlable. Et cependant déjà le doute était impossible, une perquisition faite dans son cabinet avait amené la découverte d'un grattoir ensanglanté.

» Conduit dans la chambre de sa victime, il eut l'incroyable présence d'esprit de jouer si habilement l'ignorance, que des magistrats moins perspicaces se fussent peut-être trompés aux apparences. Doggins affirma qu'il ne connaissait ni la maison ni la chambre et il regarda sans frémir les lieux témoins de son forfait.

» Interrogé au sujet de ses régulières absences, il répondit qu'il avait l'habitude de faire tous les jours une *petite promenade* de sept à neuf heures du soir. Il sembla cependant perdre quelque peu de son assurance lorsque, mis en présence des témoins qui avaient décrit son costume, il se vit positivement reconnu par ces hommes auxquels il ne pouvait attribuer aucun sentiment de partialité haineuse. Il ne persista pas moins dans ses dénégations.

» Enfin, il fut conduit à l'hôpital, où la malheureuse Marien gisait, insensible, sur son lit de douleur ; par malheur, la jeune fille est presque continuellement plongée dans un état léthargique qui lui ôte l'usage de ses sens. Elle ne vit pas — peut-être était-ce un bonheur pour elle — le misérable qui, debout auprès de son lit, considérait d'un œil sec, et qu'il s'efforçait de rendre surpris, la victime de son attentat. Là encore il fut impossible d'éveiller chez cet homme le moindre mouvement humain.

» A l'hôpital eut lieu une scène déchirante : on n'a pas oublié le nom de l'honnête Davids, ce sensible négociant qui avait recueilli et soigné la jeune fille : il entrait dans l'asile au moment où Doggins en sortait, escorté des agents de police qui veillaient sur l'accusé. Davids le reconnut instinctivement; il fit un mouvement comme pour s'élancer sur lui, mais tout à coup il s'affaissa sur lui-même, succombant à son émotion.» « Quel est cet homme? demanda Doggins d'une voix étranglée. » Ce fut peut-être le seul instant où il semblât qu'il se fût troublé. Quand M. Davids revint à lui, l'accusé était parti.

» Devant le juge, Doggins a répété ses dénégations; mais il lui a été impossible de rendre un compte exact de l'emploi de son temps pendant la soirée du crime. Il a affirmé qu'il avait, selon son ordinaire, *flâné* — c'est son expression — dans les rues de la Cité. En vain lui a-t-on demandé d'indiquer quelque personnne qui eût pu le voir passer, à qui il eût parlé, il n'a pu fournir aucun détail de nature à prouver un alibi.

» Il a été renvoyé devant les Assises, qui s'ouvriront lundi prochain, à Old Bailey. Depuis quelques jours l'état de la victime s'améliore, et tout porte à croire qu'elle pourra être confrontée avec le coupable. Si, comme les probabilités l'indiquent, elle reconnaît l'assassin, la culpabilité de l'hypocrite sollicitor sera si clairement établie qu'il ne pourra plus subsister aucune hésitation dans la conscience du jury.

» Comme nous l'avons dit en commençant, loin de nous la pensée de transformer dès à présent en coupable un accusé qui a droit à toute notre impartialité ; mais nous n'en insisterons pas moins sur la nécessité d'une inflexible répression. Le crime de Farringdon est tellement odieux, que l'opinion publique a déjà prononcé contre son auteur, dont la responsabilité s'accroît en raison de la position sociale qu'il occupait et de la considération dont il était entouré. »

VI

A OLD BAILEY

. . . .

L'accusé est sur le banc d'infamie : c'est bien lui, c'est bien mister Doggins, le placide sollicitor de Lincoln's Inn Fields. Ses joues se sont creusées, son front a pâli, ses yeux sont fiévreux. Ce n'est plus l'homme heureux que nous avons connu. Oh ! qu'est devenue cette bonne existence douillette et doucereuse, ce lit de roses dans lequel il n'y avait pas un seul pli ? Il s'est métamorphosé en un gril sur lequel se tourne et se retourne le sollicitor accusé d'un crime odieux. On lit sur son visage d'étranges sensations : il est inquiet, curieux. Il regarde la foule et semble ne pas comprendre ; puis il tourne les yeux vers le tribunal et il paraît se demander ce que sont ces hommes qui s'occupent de lui, alors qu'il voudrait que nul ne fît attention à sa chétive existence.

Mais la procédure a ses exigences.

Et voilà que l'avocat de la couronne et le conseil de l'accusé échangent d'incessantes questions.

Que dit-il, lui? Il affirme qu'il ne comprend pas l'accusation qui pèse sur lui.

— Que voulez-vous de moi? s'écrie-t-il alors que, poussé à bout, il voit qu'on ne prête aucune créance à ses dénégations ; je suis l'homme le plus calme de la terre, jamais je n'ai fait tort à une mouche. J'ai perdu la lettre de Perkingby... je ne sais comment. On a pu la trouver dans la chambre de la malheureuse. C'est que l'assassin me l'avait volée ou l'avait ramassée dans la rue, parce qu'elle avait glissé de ma poche.

Les témoins déclarent l'avoir vu plusieurs fois suivant Marien à sa sortie de l'atelier et la poursuivant de ses obsessions jusqu'à son domicile : ils décrivent minutieusement son costume. Doggins nie, nie toujours. Il ne l'avait jamais vue jusqu'au jour où il avait été conduit à l'hôpital...

Mais il était absent de chez lui justement à l'heure où a été commis le crime.

— Tous les jours, j'étais absent à cette heure-là, répond-il. Et il n'a pas été commis de crime tous les jours...

Cette cynique plaisanterie révolte l'auditoire, qui témoigne de son dégoût par un murmure prolongé.

Tout à coup, un grand mouvement se fait : les rangs se pressent, les pieds se foulent, les épaules se poussent, les têtes émergent les unes au-dessus des autres. On vient d'appeler le principal témoin, *Marien la Folle.*

Elle s'avance, calme et pâle. Pauvre et triste enfant ! son visage aux traits délicats est blanc comme marbre. Ses cheveux rejetés en arrière ont une coupe à la fois élégante et naïve. Elle se laisse conduire. Sait-elle où elle va ? Sait-elle ce qu'on exige d'elle ? Dans ses grands yeux bleus, il semble que pas un rayon ne brille, elle n'a même pas la sensation de la surprise. Elle se laisse conduire et c'est tout.

— Doggins, dit alors le lord-chef d'une voix grave, voici le moment de l'épreuve la plus terrible : il est de notre devoir de vous adjurer de faire appel à tout votre calme, à toute votre énergie ; si vous êtes innocent, attendez sans crainte la confrontation qui doit vous sauver ; si vous êtes coupable, souvenez-vous que ceux-là seuls ont droit à la miséricorde de Dieu qui ne montrent pas un cœur endurci... Mettez votre chapeau.

Doggins incline la tête, comme s'il avait entendu. En vérité, l'homme placide croit être le jouet d'un rêve ; et de temps à autre cette réflexion traverse son cerveau : « Comme ce songe est terrible ! mais je me réveillerai tout à l'heure. »

Il se réveille en effet. Il a entendu un cri... la folle

est debout au milieu du prétoire. Elle s'est dressée tout à coup sur la pointe des pieds, elle a étendu le bras, ses prunelles se sont éclairées d'un feu sinistre; et elle parle, elle s'exclame, elle qui était muette depuis si longtemps :

— Lui! lui! l'assassin! ho! ho! l'assassin! l'assassin!

. . . .

Le soir, dans les rues de Londres, on voit sur les trottoirs des pancartes blanches, éclairées par un lumignon jaunâtre. Ce sont les annonces des journaux, le sommaire. Il paraît qu'il s'est produit aujourd'hui un fait à sensation. Lisons. Cela est écrit en grosses lettres :

THE STANDARD
ÉDITION SUPPLÉMENTAIRE
AFFAIRE DOGGINS. — DÉTAILS EFFRAYANTS
LA FOLLE DE FARRINGDON
LA CONFRONTATION AVEC L'ACCUSÉ
DÉLIBÉRATION DU JURY
CONDAMNATION A MORT
DOGGINS DANS SA PRISON. — TENTATIVE DE SUICIDE

VII

SUR LA MAISON QUI FAIT FACE A NEWGATE

« Je suis le fils du premier pendu... et tout à l'heure, il y aura un second pendu... En vérité, c'est bouffon.

Voyez-vous, cet homme, qui est honnête, qui n'a jamais causé à personne le moindre préjudice... à personne, excepté à moi ? Ah! te souviens-tu, ce matin, Doggins? Il est cinq heures! Dans une heure, le bourreau te frappera sur l'épaule; en le regardant, tu comprendras que le moment est venu... Quel moment ? Celui de la mort, la minute de l'infamie, le passage de la vie à l'anéantissement ! Il faudra te réveiller, Doggins, et tu entendras le pasteur qui te parlera du ciel, du repentir, de l'infinie pitié de l'*Almighty !* Et tu protesteras; qui sait si tu n'injurieras pas l'homme de Dieu ! Puis, cherchant dans tes souvenirs, tu te demanderas avec épouvante quelle fatalité t'a poussé, toi calme, toi inoffensif, vers l'échafaud... l'échafaud ! Entends-tu, Doggins, ces derniers coups de marteau résonnant sur les ais de la vieille machine... A l'heure qui sonne, le bourreau contemple en artiste les cordes de son magasin. Il choisit la meilleure; il l'essaie au treuil pour être certain qu'elle ne cassera pas... car il t'a déjà vu. Il sait que tu es lourd, et un accident est si vite arrivé...

» Voici la foule qui s'amasse... Oh! elle est encore plus curieuse qu'au jour où mon père fut pendu. Songe donc, Doggins. Quel régal c'eût été pour toi, s'il ne s'était agi de toi ! Un sollicitor, un homme de loi, un praticien honnête par devoir, sinon par nature, pendu jusqu'à ce que mort s'ensuive pour un crime à peine excusable chez une brute de Saint-Giles. Te souviens-tu — car cela devait être — comme tu déclamais parfois contre ces êtres dont la monstrueuse immoralité était le fléau des familles et de la société ! Eh bien ! voici que ton nom s'ajoute à ce catalogue maudit ! Et tu ne sais pas pourquoi ! Car tu n'as rien fait, tu n'a pas commis le crime : le jour où Ellik est venu s'asseoir dans ton étude, copiant de sa main la plus calme tes actes judiciaires, tu ne te doutais pas que mieux eût valu pour toi qu'une torche se fût promenée sur les murs de ta maison...

» Ah ! il a été patient, Ellik ! et comme le fils du pendu a diaboliquement organisé les rouages de sa machine vengeresse... La roue a tourné ; elle t'a saisi entre ses dents de fer... Quand tu passais, béat et satisfait, devant la chaise de bois sur laquelle il était assis, tu ne te doutais pas que le clerc si calme, si nul, dis le mot, si bête, étudiait un à un tous les détails de ta toilette... et qu'il se préparait un costume absolument semblable au tien... qu'il épiait chacun de tes mouvements, les répétant le soir dans sa chambre comme un acteur qui se prépare à entrer en scène... Et la lettre de Pergingby, te rappelles-tu comme tu l'as cherchée, comme tu étais inquiet ! Eh bien ! je te l'ai fait retrouver, ta lettre ; car rien ne se perd, sais-tu bien ? Rien, pas même un sourire... puisque tu vas mourir, pendu, pour expier le sourire dont tu as salué les dernières convulsions de mon père...

» Huit heures sonnent, Doggins, la porte de Newgate s'ouvre rapidement, comme si un ressort se détendait tout à coup. Parbleu ! je crois que tu chancelles. Est-ce que la mort te ferait peur ? Écoute donc le pasteur qui renouvelle ses exhortations... Oh ! il les sait par cœur...

C'étaient les mêmes qu'il prodiguait à mon père, le saint homme !...

» Je donnerais ma vie pour que tes yeux rencontrassent les miens... mais non. J'aime mieux que cela ne soit pas. Tu comprendrais peut-être, et ma joie, ma joie intime et atroce, c'est que tu ne devines pas pourquoi tu meurs ! Il doit se passer dans ton cerveau une bien étrange chose... la bête doit se révolter en toi contre cette société qui met à mort un innocent... car tu sais bien, toi, que tu n'as pas voulu tuer Marien !...

» Te voilà sous le poteau... Hein ? La corde au cou ! drôle de sensation. Mon père l'a ressentie, lui aussi... et voici le bonnet blanc ! Sur mon âme, si tu étais dans la foule, tu rirais encore, comme tu as ri naguère, car tu as un si grotesque masque !...

» Un cri dans la foule !... la trappe s'est ouverte ! La justice des hommes est satisfaite... Je te l'avais bien dit que je te ferais pendre. Pourquoi as-tu ri quand on a tué mon père ?... »

ÉPILOGUE

Musée Tussaud. — La Chambre des Horreurs vient de s'enrichir d'un nouveau sujet. C'est la reproduction du criminel Doggins, vêtu du costume qu'il portait au jour du crime de Farringdon. Admission : Un shilling.

LA COMTOISE

Elle était superbe, avec sa caisse ouvragée, avec son large cadran où les heures se détachaient en chiffres d'émail, avec son balancier de cuivre brillant comme l'or, passant et repassant devant l'ouverture garnie d'un disque de verre. Tous ceux qui l'apercevaient à travers la vitrine de l'horloger Pierret tombaient en arrêt, et il se formait des rassemblements à sa porte.

L'horloger Pierret était un homme encore jeune, dans les trente ans, pourtant triste et peu causeur. C'est qu'aussi il y avait une grande douleur dans sa vie. Sept ans auparavant, alors qu'il était au service, son père avait été assassiné en cette boutique même qu'il occupait aujourd'hui. Il avait appris l'horrible catastrophe au régiment et était accouru. Quel était l'assassin? Sur qui venger le vieillard qui n'avait jamais fait de mal à personne et qui lui avait fait tant de bien à lui ! La justice n'avait rien trouvé, quoique l'assassin eût dérobé une somme de dix mille francs amassée sou à sou par le père pour son fils.

Toutes les recherches avaient été vaines. Pierret avait achevé son temps de soldat; puis, libéré du service, il était revenu s'établir dans la maison de l'assassiné, ayant pris sans doute vaillamment son parti et ayant chassé le souci par le travail.

Seulement, il était clair que son chagrin le rongeait. On le voyait, à la nuit close, rôder par le village comme s'il cherchait quelqu'un. Ce quelqu'un-là, bien sûr, c'était le criminel. Mais il s'était trop bien terré pour qu'on le découvrît.

Et le temps avait passé, semaines, mois et années. Nul n'y songeait plus, sauf l'orphelin certainement... et l'autre aussi, l'inconnu, qui devait se souvenir.

.*.

Tout récemment, Pierret, grand liseur de journaux, était allé à Paris et y avait passé quelques jours, pour des achats. Or, il avait rapporté cette *comtoise*, vrai chef-d'œuvre et qui faisait envie à tout le monde.

On aime en province les meubles lourds, solides, cossus et, de fait, la caisse du cadran était d'une ampleur peu commune.

Mais combien cette merveille pouvait-elle coûter?

— Entrez donc, messieurs, dit simplement Pierret aux gens qui se pressaient devant sa boutique.

Alors, ce furent des exclamations, des éloges à n'en plus finir.

— Et cela vaut ? — Dame, un peu cher ! — Mais encore ? — Cent écus.

Alors il y eut un cri de désappointement. Certes, la *comtoise* valait cela, étant très belle... et unique, affirmait Pierret. Mais cent écus !... pour une horloge ! Est-ce qu'elle sonnait ? — Certainement, écoutez !

L'horloger avait fait vibrer le timbre, clair, sonore, argentin.

— Mais personne ne m'achètera cela ici, dit Pierret. J'ai bien peur d'avoir fait une sottise.

— Personne, c'est selon, Pierret. Nous ne sommes pas assez riches, mais il y a ici quelqu'un...

— Vraiment, qui ? — Eh ! Locard donc ! le beau Locard, qui va se marier et ne regarde pas à l'argent. — Si vous vouliez lui en toucher un mot. — Volontiers... qui sait ? En le prenant par l'orgueil ! — Vous me rendriez un fier service...

*
* *

Jacques Locard n'était pas très aimé, pour plusieurs raisons. D'abord, il avait fait trop soudainement fortune. Il lui était tombé du ciel, par l'entremise d'un notaire — oh ! pas d'ici, de là-bas, au delà des montagnes — un héritage qui, tout de suite, l'avait mis à son aise, et il l'avait arrondi dans des affaires où il y a toujours un volé — pas souvent le prêteur. Il avait eu de la chance, et en montrait trop de vanité. Il écrasait le petit monde, faisait parade de son argent, sans compter que, très dépensier quand il s'agissait de lui, il était très serré quand il s'agissait d'autrui.

N'importe. Il parlait haut, portait beau par les rues, buvait sec et avait sa cour. Quand on voulait dénouer les cordons de sa bourse — pour un bol de punch ou une fiole de champagne — on savait par où le prendre. Un homme comme lui! Le roi du pays! Il dodelinait de la tête et se laissait empaumer.

Pourquoi, une fois par hasard, ne pas jouer de sa vanité pour lui soutirer une bonne action ? Pierret était intéressant. Locard ne lui aurait jamais donné sa montre à repasser. Il ne daignait même pas regarder sa boutique. Il le méprisait, quoi! parce que la fortune avait tourné et que, pauvre autrefois, il était riche, tandis que Pierret, dépouillé de tout par un crime, en était réduit à ne vivre que de son travail. Attends un peu!

La chose se manigança au café de la Grand'Place, à l'absinthe.

* * *

Ce ne fut pas si facile qu'on l'avait cru d'abord. Quand on prononça devant Locard le nom de Pierret, il eut un mauvais geste. Il ne l'aimait pas, c'était clair. Parbleu! on est bien libre d'aimer ou de détester qui on veut. — Pierret, un fainéant! — Pour ça, non, ça n'était pas juste. Mais, en somme, qu'est-ce que ça faisait, quand il s'agissait de la merveille des merveilles, comme il n'y en avait peut-être pas à la ville... en tout cas, ni chez le maire, ni chez le receveur, pas même au château ? On pouvait voir d'ailleurs, la vue ne coûtait rien.

— Ah! vraiment, pas même au château ! — Et quel effet dans la salle à manger de la maison Locard, en face du grand buffet ciré !... Car enfin il faut une horloge. Autant acheter du bon et du beau que de la camelote ! C'est vrai que cent écus... mais pour lui !.. il n'en était pas à cent écus près...

Locard, en causant, buvait beaucoup. Il commençait à s'échauffer, disant oui, disant non, jurant, sacrant, consentant à aller faire un tour jusque-là, puis se dédisant.

— Vrai ! on dirait que vous avez peur d'aller chez Pierret...

— Peur ! je me... moque bien de Pierret. Allons !

Le petit horloger était à son établi, la loupe à l'œil, courbé sur une montre qu'il touchait de sa pointe d'acier. Il ne regardait pas au dehors, certes non. Pourtant, il vit très bien le groupe s'approcher, à telles enseignes qu'il eut aux lèvres quelque chose qui ressemblait à un sourire. Il espérait vendre, et c'est toujours agréable de gagner de l'argent, n'est-il pas vrai ?

Locard entra.

— C'est ça? fit-il avec une moue de dédain.

En vérité, il ne disait pas ce qu'il pensait. Il était ébloui. Mais il ne faut jamais avoir l'air, on se ferait voler.

Pierret s'était levé, poli. Locard lui tourna le dos, par hauteur évidemment. Bref, il en donnait deux cent cinquante francs, tout de suite, comptant, sur table, et encore à une condition, c'est que la *comtoise* serait installée le soir même dans la salle à manger. Vous savez, la maison, la grande maison devant l'église.

Qu'est-ce qui ne connaît pas la maison Locard ? Dans une heure, la *comtoise* y serait.

— Et ce soir, les amis, fit Locard (il ne regardait toujours pas Pierret, bien entendu), un bol de vin blanc, premier crû... nous boirons à la *comtoise*. — C'est dit ! — A quelle heure ? — Neuf heures.

M. Locard sortit, ayant jeté cent francs d'arrhes sur l'établi :

Pierret, resté seul, brûla le billet à la flamme d'une allumette ; puis il alla dans la pièce du fond d'où il rapporta une petite caisse sur laquelle il y avait des étiquettes en anglais.

Et s'approchant de la *comtoise*, il ouvrit la boîte du mouvement, sans doute pour le régler.

***

Elle est à sa place, bien campée dans sa gaîne qui reluit. Le balancier fait son tic-tac lent et doux. En vérité, elle est d'un effet merveilleux, entre les faïences campagnardes et les gravures à teintes roses.

Autour de la table, d'où pointent de longs cous de bouteilles, Locard et ses amis boivent, rient et chantent. Bombance! La grosse servante se pâme d'aise. Ah! la maison ne sera plus si gaie quand la « madame » y sera. Que voulez-vous? Il faut bien faire une fin. Et puis quand on a des moyens comme monsieur, on peut bien se payer une femme à soi tout seul.

Onze heures! la *comtoise* sonne! Tout le monde se tait, Locard savoure. Quelle voix ! on dirait un chant, on l'écouterait toute la nuit. Ma foi, on attendra minuit. La sonnerie battra son plein. Plus de vin ! eh bien ! du punch.... et on le brûlera, on éteindra les lumières. A minuit, ça sera drôle, avec la *comtoise* qui roucoulera.

Ils sont à demi-ivres. La chaleur est étouffante. Entr'ouvrons la fenêtre. D'ailleurs, il est bon qu'on sache qu'on ne s'ennuie pas chez M. Locard.

Attention! moins cinq! une, deux, allumez... punch! La flamme jaillit du saladier, la cuiller joue dans le flot qui jaillit en langues jaunes et bleues. Le sucre grésille. — Éteignez la lampe ! Les faces congestionnées prennent des reflets violacés. C'est très joyeux ! Chut ! elle sonne...

Non ! elle parle...

— Jacques Locard ! Jacques Locard !

Hein? Qui a dit cela! Qu'est-ce que cette voix vieillotte et fêlée! d'où sort-elle ?

— Jacques Locard... avoue... avoue...

Folie! qui parle? Eh ! Locard, quelle est cette farce?
— Comme tu es pâle ! La voix a l'air de venir de la cave.

— Jacques Locard, tu es un assassin!

— Ce n'est pas vrai! qui a dit cela? Celui-là en a menti !

— Jacques Locard, c'est toi qui as tué le vieux Pierret... Assassin !

Il y a des cris, des hoquets, des râles. Locard s'est dressé, éperdu, fou. Il porte sa main à sa cravate pour l'arracher.

La voix continue, impitoyable, toujours cassée, toujours fêlée, lointaine comme si elle venait d'une tombe.

Elle répète, répète, répète le mot assassin !...

Locard tombe à genoux, se relève, retombe... Eh bien! oui ! il avoue!... oui, c'est lui qui a tué le vieillard, qui l'a volé... mais que la voix se taise !

Elle ne se tait pas. On dirait une mécanique qui marche. Locard dit que c'est la *comtoise* qui parle, il s'accroche à elle, la secoue, l'entraîne, la renverse... le mouvement roule sur le plancher et avec lui un rouleau, couvert d'un papier métallique...

Pierret, qui était aux écoutes, saute de la fenêtre et saisit Locard à la gorge, en criant :

— Vous êtes tous témoins! cet homme est l'assassin de mon père !

*
* *

— Et voyez, messieurs les jurés, s'écrie le procureur général, de quelle utilité sociale sont les progrès de la science. N'est-ce pas un trait de génie de la part de ce humble horloger que d'avoir utilisé, en l'adaptant à un mouvement d'horlogerie, l'immortelle invention d'Edison, le phonographe ?

LE TOUT POUR LE TOUT

Les premières semaines de janvier 188... donnèrent un singulier exemple de cette loi de mathématique sociale — que les crimes et les catastrophes vont par séries.

Attaques à main armée sur la voie publique, découpage de cadavre et expédition dudit en gare restante, meurtre d'une femme adultère, vengeance par incendie, toutes les manifestations diverses de la férocité humaine, actes du vieux fauve qui sommeille en nous, s'étaient succédé de jour en jour, mettant la police — et les reporters — sur les dents et décuplant la vente des journaux qui n'avaient pas manqué, selon la coutume, d'agrémenter leurs colonnes de titres en capitales énormes et attirantes.

On commençait cependant à respirer un peu — trois jours d'accalmie — quand, au matin du vingtième jour de ce mois de janvier, le bruit se répandit tout à coup qu'un nouveau crime venait d'être commis et d'autant plus intéressant — car il y a des crimes à succès et des fours — que la victime était connue de tout Paris.

Voici d'ailleurs ce qu'on lisait dans le *Nouvelliste parisien*, qui est, comme chacun sait, le moniteur de la curiosité publique.

LE DOUBLE ASSASSINAT DE LA RUE BLANCHE

MEURTRE DE M. FRÉDÉRIC ORLIAC ET DE Mme ORLIAC

Au moment de mettre sous presse, nous apprenons qu'un effroyable crime vient d'être commis au cœur même de Paris. Notre confrère et ami Frédéric Orliac, le romancier populaire dont les succès ne se comptent plus, a été assassiné, ainsi que sa femme, dans l'hôtel qu'ils habitent au n° 26 de la rue Blanche.

A l'heure où nous écrivons, Mme Orliac a succombé et l'état de son mari semble désespéré. La première enquête paraît indiquer que le crime, qui a eu le vol pour mobile, est l'œuvre d'un rôdeur de nuit qui se serait introduit dans l'hôtel et aurait frappé ses victimes endormies.

La justice s'est transportée sur les lieux. Nous publierons dans la matinée une seconde édition qui donnera sur cet épouvantable attentat les détails les plus complets.

Cette nouvelle produisit dans Paris un effet de stupeur. Nous sommes ainsi faits que la qualité de l'assassin ou de la victime est toute-puissante pour fixer le degré d'intérêt que nous attribuons à telle ou telle catastrophe.

L'assassinat d'un inconnu nous arrache à peine un mouvement de surprise ennuyée ou d'inquiétude égoïste. Mais quand il s'agit d'un homme comme Frédéric Orliac, le thermomètre de l'indignation publique monte en un clin d'œil à *Vers à soie* ou à *Sénégal*.

C'est qu'en effet il était peu de noms autour desquels il eût été fait plus de bruit dans ces dernières années. Il avait hérité d'Eugène Sue, de Dumas père, de Ponson du Terrail et de Gaboriau le titre de « romancier populaire », et les réclames dont ses éditeurs inondaient les journaux, les affiches aux chromos multicolores dont rutilaient les murs avaient ajouté à cette appellation les épithètes de : « Grand, illustre, admirable, » qui commandent l'attention et imposent une réputation.

Certes, Orliac n'était pas un délicat, et ses grandes « machines » auraient difficilement supporté la comparaison avec les « études » de ses confrères plus sérieux. Mais la popularité — qui n'est point si banale qu'on le suppose et qui sait bien ce qu'elle fait — était venue à ces romans d'un réalisme judiciaire qui faisaient concurrence aux comptes rendus de la *Gazette des Tribunaux* complétés au moyen des archives d'une police idéale.

De plus, il y avait dans ces récits d'un seul jet une désinvolture de style, un diable au corps qui n'excluaient pas une tenue très serrée dans le plan, une netteté de déductions, une originalité de combinaisons qui justifiaient l'engouement des lecteurs et rachetaient parfois, même auprès des confrères dédaigneux, un mépris trop accusé du *normalisme !*

Son dernier roman — *La Double mort* — publié par un journal à un sou, avait fait sensiblement monter le tirage.

D'ailleurs, travailleur infatigable, il savait se tenir au courant de toutes les actualités qui pouvaient éveiller la curiosité, et il y adaptait ingénieusement ses œuvres nouvelles, basées tantôt sur un procès récent, tantôt sur un scandale bruyant dont l'écho n'était pas éteint, tantôt sur une découverte proclamée hier dans les recueils scientifiques.

— Un malin ! disaient les hommes du métier. — Un faiseur ! disaient les jaloux.

Quoi qu'il en fût, on le lisait. Il était recherché, largement payé et était arrivé, après de longues années de lutte, à la situation enviée de romancier coté sur le marché.

Aussi, dans toutes les classes sociales, cette annonce brutale — l'assassinat de Frédéric Orliac — éveilla-t-elle un intérêt immense. Il existe une parenté entre le lecteur et l'auteur. Son portrait avait été si souvent publié, que tout le monde avait présente à la mémoire cette figure fine, éclairée par un œil très noir, au monocle inamovible, ces cheveux coupés en brosse et qui donnaient à sa physionomie ce caractère militaire, toujours sympathique aux Français.

La mort de l'homme qu'on connaît — ne fût-ce même que de vue — cause toujours une impression plus pénible, ce qui explique la douloureuse importance que prend un décès dans les petites villes, et, pour les hommes célèbres, Paris n'est qu'une petite ville.

A midi, le *Nouvelliste* publia le supplément annoncé, qui renfermait les détails les plus circonstanciés.

Nous les reproduisons :

« Le bruit que nous avons enregistré dans notre première édition n'était que trop fondé. Frédéric Orliac et sa femme ont été assassinés cette nuit.

» On comprendra que dans la stupeur douloureuse où nous plonge cet affreux événement nous ne puissions faire œuvre littéraire et mettre en ordre les renseignements que nous avons recueillis. Nous les écrivons au courant de la plume; et bien que le temps nous manque pour les contrôler dans leur exactitude minutieuse, nous pouvons affirmer cependant qu'ils sont l'expression même de la vérité.

» Frédéric Orliac habite avec sa femme et deux domestiques un petit hôtel, sur le devant, au n° 26 de la rue Blanche. — Construction simple, un rez-de-chaussée et deux étages, trois fenêtres de façade.

» Ce matin, à quatre heures, un employé comptable d'une grande maison des halles, M. B..., que ses occupations obligent à se trouver à son bureau dès cinq heures, descendait de Montmartre où il demeure.

» Arrivé à la hauteur du n° 30 de la rue Blanche, il heurta du pied quelque chose de lourd. Il se baissa et ramassa un marteau.

» Il faisait nuit. Poussé par la curiosité, M. B... s'approcha d'un bec de gaz et examina l'objet avec attention.

4

A sa grande terreur, il constata que ce marteau était couvert de sang caillé et que des cheveux y adhéraient.

» Sans hésiter, il se rendit immédiatement au poste de police de la Trinité et fit part de sa lugubre trouvaille.

» Un examen plus attentif ne put que confirmer la première impression de M. B. C'était bien du sang, et de plus les cheveux longs, de couleur indécise, appartenaient à une femme. Prenant aussitôt deux hommes avec lui, le brigadier, accompagné de M. B..., se fit conduire à l'endroit où le marteau avait été trouvé.

» Le trottoir fut examiné à la lueur d'une lanterne, mais on n'y remarqua rien d'anormal, à l'exception d'une petite tache rouge, due évidemment au choc du marteau, au moment où il avait été jeté ou abandonné par le meurtrier.

» Le brigadier inspecta attentivement les places environnantes, mais ne releva aucun indice que le crime eût été commis sur la voie publique, du moins à cet endroit.

» La rue Blanche, généralement peu fréquentée, est, à cette heure matinale, silencieuse comme une rue de province. M. B... déclarait n'avoir rencontré personne depuis la place Blanche jusqu'au point où il avait heurté le marteau du pied.

» Le brigadier expédia aussitôt un de ses agents à la préfecture, puis il se disposa à rentrer au poste, toujours accompagné de M. B... qui se mettait complaisamment à la disposition de l'autorité pour signer sa déclaration.

» Au moment où, redescendant la rue Blanche, le groupe passait devant la maison portant le n° 26, la porte s'ouvrit brusquement, et une femme en sortit, affolée et criant : « Au meurtre ! A l'assassin ! »

» Les agents coururent à elle.

» Dès qu'elle eut reconnu l'uniforme, la malheureuse, qui semblait en proie à une extrême terreur, saisit le brigadier par le bras, répétant :

» A l'assassin ! Là-haut... tous les deux !

» Les agents la suivirent.

» Au rez-de-chaussée, un vestibule de petite dimension fait face à l'escalier qui conduit aux étages supérieurs.

» Au premier étage, un affreux spectacle les attendait.

» La porte de l'une des chambres donnant sur le palier était ouverte, et à la lueur d'une veilleuse posée sur la cheminée, ils virent un homme étendu à terre, la tête baignant dans une mare de sang.

» Venez ! venez ! disait encore la servante.

» Elle entraîna les agents dans la chambre suivante, séparée seulement de celle d'Orliac par une cloison, et là, ils trouvèrent Mme Orliac, étendue dans son lit, le crâne brisé, morte.

» Au premier coup d'œil, il fut facile de constater qu'elle avait été surprise pendant son sommeil ; car elle était couverte des draps jusqu'au cou, et le corps ainsi que la tête avaient conservé l'attitude du repos.

» Un petit meuble en bois de rose qui se trouvait à

la tête du lit avait été fracturé : le fragile panneau était brisé, et le désordre des papiers, des écrins, des objets féminins de toute sorte, prouvait que l'assassin avait dû voler des bijoux et des valeurs.

» La jeune servante — qui est la femme de chambre de Mme Orliac — s'évanouit à ce moment et fût tombée de toute sa hauteur, si on ne l'eût soutenue et étendue sur un fauteuil.

» Tandis que le chef de poste donnait ordre de prévenir immédiatement le commissaire de police de la rue Vintimille, il adressait à la préfecture un nouveau messager; enfin, il envoyait requérir le médecin le plus proche qui, par un hasard providentiel, demeure justement dans la maison qui fait face à l'hôtel où a eu lieu l'attentat.

» Le docteur Rande accourut aussitôt. Le corps d'Orliac avait été relevé et posé sur un matelas. En le dérangeant, le brigadier avait trouvé à terre un revolver, dit coup de poing, de fabrication commune.

» Le médecin constata, en effet, qu'un coup de revolver avait été tiré, presque à bout portant, sur notre confrère. La balle avait pénétré auprès de la racine du nez.

» Par un véritable miracle, Orliac respirait encore. La balle avait frappé la suture naso-frontale, avait contourné la crête temporale jusqu'au point où elle croise le stéphanion — ou suture coronale — et s'était arrêtée là. Le médecin put l'extraire par une simple pression des doigts.

» Nous disons qu'Orliac n'est pas mort. Mais la commotion a été telle qu'on a presque certainement à redouter des complications mortelles. A l'heure où nous écrivons ces lignes, il est plongé dans un état comateux qui inspire les plus vives inquiétudes.

» Quant à Mme Orliac, la mort de la pauvre femme a été instantanée.

» Le docteur Rande n'a pas douté un instant que l'instrument du crime fût ce marteau que M. B... a ramassé sur le trottoir de la rue Blanche : des preuves évidentes ont confirmé cette hypothèse.

» En effet, ce marteau est de ceux qu'on appelle *laye* ou *smille*, à usage de maçon, et qui se distinguent en ce que la partie plate postérieure est *brettée*, c'est-à-dire quadrillée de dents peu profondes qui servent à façonner les moellons ou les pierres de taille.

» Or, les traces de la brette sont faciles à reconnaître dans l'horrible blessure à laquelle a succombé Mme Orliac.

» Le coup a dû être porté de haut, à tour de bras ; la victime étant couchée sur le côté, la lourde masse a enfoncé la fosse temporale, au-dessus de la crête. L'os malaire a été atteint. Il y a eu écrasement des circonvolutions temporo-sphénoïdales. Nous le répétons, la mort a été instantanée.

» Les cheveux qui adhèrent au marteau ont été reconnnus identiques à ceux de Mme Orliac qui, de dix ans plus âgée que son mari, était déjà grisonnante.

» Au moment (dix heures) où nous enregistrons ces premières informations, le commissaire de police procède à une enquête. M. Besnerier, juge d'instruction, et M. Vassère, le chef de la police de sûreté, viennent d'arriver sur les lieux.

» Frédéric Orliac n'a pas repris connaissance, et on craint qu'il ne rende d'un moment à l'autre le dernier soupir. »

Les journaux du soir ajoutèrent peu de chose à ces premiers renseignements.

Mais le lendemain matin, le *Nouvelliste* consacra son numéro entier à la catastrophe dont tout Paris s'entretenait.

Il publiait le portrait de Frédéric Orliac. Un pointillé indiquait la marche suivie par la balle depuis la racine du nez jusqu'à sa sortie à la partie postérieure du crâne. Le dessinateur avait même figuré la forme de la blessure : les bords de l'ouverture étaient brûlés, entourés de petites taches ombrées d'un noir gris, faites par la poudre, circonstance prouvant que le coup avait été tiré à bout portant. Car il résulte d'expériences soigneusement faites qu'à une distance de trois pieds seulement, la pénétration de la balle ne laisse aucune de ces traces.

Puis venaient un croquis de l'hôtel et un plan de ses dispositions intérieures.

Au rez-de-chaussée, se trouvaient la salle à manger, la cuisine, d'un côté du vestibule — de l'autre, un salon-bibliothèque dont les murs étaient garnis de plusieurs centaines d'ouvrages rares, à reliures d'amateur, et une salle de bains.

En face du vestibule, comme nous l'avons dit, l'escalier conduisant aux étages supérieurs. Sur le palier du premier s'ouvrent deux portes : l'une, à droite, donne accès dans la chambre d'Orliac, qui a deux fenêtres sur la rue, et à laquelle attient, en retour sur la cour de l'hôtel, cour de vingt-cinq mètres carrés tout au plus, la chambre de Mme Orliac.

Ainsi qu'on le voit, on ne peut pénétrer dans cette dernière chambre qu'en passant par celle du mari.

A gauche, une chambre d'amis qui sert généralement de débarras et, sur la rue, un petit cabinet, dans lequel Orliac se délasse de son travail en exécutant de menus ouvrages de menuiserie.

Au second, mansardé, deux chambres occupées l'une par le domestique, l'autre par la femme de chambre.

Le domestique se nomme Louis Calmezat ; il est d'origine méridionale. C'est un homme robuste, mais de caractère très doux. La servante, Adèle Bossut, est âgée de vingt-huit ans, petite, très brune, assez jolie, quoique sa physionomie paraisse étrange au premier coup d'œil, en raison de la couleur de ses cheveux et de son teint qui lui donne l'air d'une mulâtresse.

— Voici des détails, continuait le *Nouvelliste*, dont nous garantissons l'authenticité :

« Le soir qui a précédé la catastrophe, Frédéric Orliac était absent de chez lui. Il était sorti vers huit heures, en habit noir, cravate blanche. Il se rendait en soirée. Son domestique l'a aidé à s'habiller, mais son maître lui a laissé ignorer dans quelle maison il se rendait.

» C'est d'ailleurs une circonstance qu'il sera facile d'élucider.

» Louis ajoute que, depuis quelques mois, son maître

allait beaucoup plus souvent dans le monde que par le passé. Mme Orliac était souffrante et sortait peu. Le soir, elle accompagnait très rarement son mari, et encore n'était-ce que pour aller au théâtre, mais non pas aux premières, où depuis assez longtemps Orliac se rendait seul.

» Mme Orliac s'était couchée presque immédiatement après le départ de son mari et avait renvoyé sa femme de chambre.

» Louis, d'après ses dires qui seront facilement vérifiés, était allé passer la soirée dans un débit de vins qui fait le coin de la rue Blanche et de la rue Saint-Lazare, et où il rencontre fréquemment d'autres domestiques avec lesquels il s'est lié. Il est rentré, paraît-il, vers onze heures et demie du soir, et a ouvert comme d'ordinaire la porte avec un passe-partout.

» Il a monté l'escalier à pas de loup, pour ne pas réveiller sa maîtresse, et a gagné sa chambre, située comme nous l'avons dit au second étage de la maison. Il n'avait pas de lumière, connaissant assez les êtres pour s'en passer. Il n'a rien remarqué d'anormal, s'est couché et s'est endormi.

» Il sait d'ailleurs que son maître n'était pas rentré, car il avait trouvé allumée dans le vestibule la veilleuse que Frédéric Orliac éteint à son retour. Le bougeoir était également auprès de la veilleuse. Louis ne peut donc fournir aucune indication à l'instruction. Il n'a rien entendu et n'a été réveillé que par l'entrée de la police dans la maison.

» La déposition d'Adèle Bossut n'est malheureusement pas plus instructive.

» Selon sa déclaration, Mme Orliac paraissait un peu souffrante. Elle avait des étouffements et s'était hâtée de se coucher, parce que la position horizontale la soulageait.

» Adèle lui avait offert de rester auprès d'elle ; mais Mme Orliac lui avait répété à plusieurs reprises qu'elle n'avait besoin de rien, ajoutant qu'elle l'appellerait, en cas de nécessité. En effet, une sonnette dont le cordon se trouve à la tête du lit de Mme Orliac correspond à la chambre d'Adèle Bossut.

» Celle-ci s'est alors retirée dans sa chambre où elle s'est livrée à des travaux de couture jusqu'à dix heures. Puis elle s'est couchée et n'a rien entendu. Seulement, et voici un détail curieux au point de vue physiologique, elle déclare qu'à quatre heures du matin elle s'est éveillée brusquement. Il lui semblait, dit-elle, qu'elle venait de recevoir un coup dans la poitrine. Le cœur lui battait violemment, en même temps qu'elle se sentait saisie d'une angoisse indéfinissable et douloureuse.

» Assaillie de pensées pénibles, elle a tenté de les écarter, mais n'y parvenant pas et acquérant peu à peu la conviction (ce sont ses propres expressions) qu'il y avait un malheur dans la maison, elle s'est décidée à se lever, et elle est descendue sa lampe à la main.

» Elle a vu alors que la porte de son maître était ouverte.

» Elle a avancé la tête et a aperçu le corps gisant à terre : elle a couru à la porte de sa maîtresse ; elle ne se rappelle pas si la porte de communication entre cette chambre et celle d'Orliac était ouverte, oubli qu'elle attribue à l'émotion qui l'oppressait. Elle s'est trouvée en face du cadavre de Mme Orliac. Alors, perdant la tête, elle s'est élancée dehors en criant au secours. On sait le reste.

» Ces deux dépositions ne semblent jeter, quant à présent du moins, aucune lumière sur cette sinistre tragédie. Cependant nous croyons savoir que la justice a déjà recueilli certains indices qui pourraient aider aux recherches.

» L'état de notre malheureux confrère ne s'est pas amélioré. Il est — c'est le terme exact — entre la vie et la mort. Les médecins, et, parmi eux, le célèbre Hardouin qui a été appelé en toute hâte, ne peuvent répondre de sa vie; et dussent-ils le sauver, qu'ils redoutent un malheur pire peut-être que la mort. Nous n'insistons pas, espérant que ces douloureuses prévisions ne se réaliseront pas.

» Nous avons omis de parler de la cuisinière de la maison. C'est une nommée Valérie H..., qui vient le matin à sept heures et s'en va aussitôt après le dîner, c'est-à-dire vers huit heures du soir. Elle ne demeure donc pas dans l'hôtel.

» A la dernière minute, nous recevons la visite de M. de M..., qui nous déclare avoir passé la soirée avec Orliac chez la comtesse de W..., à l'hôtel de Baltimore, rue Caumartin. Orliac est très assidu chez cette dame, d'origine américaine, veuve d'un comte polonais et dont le salon est un des derniers refuges de la causerie française.

» Orliac en serait parti entre minuit et une heure, en parfaite humeur, très gai même et ne paraissant avoir aucun pressentiment funeste.

» D'après un rapide examen, on suppose que le crime aurait été commis entre une heure et deux heures du matin : il faudrait donc calculer que l'assassin se serait introduit dans la maison avant le retour d'Orliac, que celui-ci l'a surpris au moment où il venait de frapper sa femme et que c'est alors qu'il a été frappé lui-même.

» Mais ce ne sont là que de pures hypothèses sur lesquelles nous reviendrons.

» Un registre ouvert au rez-de-chaussée a été couvert de signatures. Pendant la journée, le Tout-Paris des lettres et de l'art a tenu à donner au célèbre romancier ce témoignage de profonde sympathie. »

La journée suivante amena une constatation des plus graves. Il fut prouvé que la porte extérieure avait été ouverte à l'aide d'une fausse clef. La serrure démontée a offert des preuves indéniables de l'emploi d'un outil.

Il semblait donc de plus en plus évident que le crime était l'œuvre de malfaiteurs de profession qui, connaissant l'absence de Frédéric Orliac et sachant aussi sans doute que les domestiques couchaient au deuxième étage, s'étaient introduits dans l'hôtel pour voler.

Le retour imprévu d'Orliac aurait dérangé l'assassin qui, pour s'échapper, aurait tiré sur lui à bout portant.

Dans sa fuite, il a jeté le marteau qui a été retrouvé rue Blanche.

Cependant l'opinion publique — dont les journaux se faisaient l'écho à mots couverts, — accusait les domestiques d'être, sinon les auteurs, tout au moins les complices du crime.

Ce fut donc sans surprise qu'on lut ce qui suit dans le *Nouvelliste* du 25 janvier :

« La justice croit enfin être sur la trace de l'assassin des époux Orliac. Les soupçons s'étaient portés d'abord sur les deux domestiques, mais après une enquête approfondie, il a paru prouvé que, du côté de Louis Calmezat, ces suppositions n'avaient aucun fondement. Louis est un garçon très honnête auquel on ne peut reprocher qu'un amour immodéré pour le jeu... de bésigue. Dès que son maître s'absente, il court au débit du sieur Vinchon, et ce sont là — dans le cabinet vitré — des orgies de quarante et de cinq cents! Mais Louis, qui est âgé de trente-cinq ans, est valet de chambre depuis sa sortie du service. Dans toutes les maisons où il a passé, il a laissé les meilleurs souvenirs. Il a quelques économies et mène une existence des plus régulières.

» Son seul tort — et il est grave — est d'avoir abandonné la maison pendant la soirée, et cela, évidemment, sans avoir prévenu ses maîtres.

» Louis Calmezat a donc été laissé en liberté.

» Mais Adèle Bossut vient d'être consignée à la disposition de la justice. Voici les circonstances qui ont motivé cette mesure.

» Adèle Bossut est, on le sait, âgée de vingt-huit ans. C'est une femme petite, mais robuste, très brune et qui semble d'une nature... tropicale. Interrogée sur ses relations, elle a fini par avouer qu'elle a reçu plusieurs fois, la nuit, dans sa chambre, un maçon, Jean S..., dont elle avait fait la connaissance, a-t-elle dit, il y a environ un an, alors que le propriétaire du petit hôtel — qui n'appartient pas à Orliac, malgré l'affirmation péremptoire d'un de nos confrères — avait fait faire d'importantes réparations qui avaient exigé la présence d'une dizaine d'ouvriers, pendant plus de quinze jours.

» Adèle Bossut, qui a longtemps hésité avant de se décider à faire des aveux, déclare que Jean S... lui a promis le mariage. D'après elle, il ne serait pas venu dans l'hôtel depuis près d'un mois, par cette raison qu'il serait parti dans son pays pour aller chercher ses papiers.

» Quel pays? Elle n'a pu le dire exactement, affirmant seulement que son futur — si futur il y a — est Limousin et est né dans un village de la Haute-Vienne. Or il ne faut pas oublier que le principal instrument du crime est un marteau de maçon.

» Cette circonstance, jointe aux allures étranges — sinon hypocrites — de la fille Bossut, a décidé le juge d'instruction à décerner contre elle un mandat d'arrêt. En même temps le service de sûreté a été chargé de rechercher activement le nommé Jean S....

» On a procédé à l'autopsie du cadavre de Mme Orliac. Aucune constatation nouvelle n'a été faite. Il n'a été porté qu'un seul coup qui a déterminé instantanément la mort.

» Mme Orliac, mariée en secondes noces à notre confrère, était âgée de cinquante ans environ. Elle appartenait à une famille de négociants de province. Elle possède, paraît-il, par contrat de mariage une somme importante. Mais on ignore si elle a des parents.

» Nous apprenons au dernier moment que l'état de Frédéric Orliac s'améliore rapidement. La stupeur disparaît et on espère pouvoir demain procéder à un premier interrogatoire qui, sans nul doute, donnera le fil conducteur de cet étrange labyrinthe. »

Toutes ces informations étaient exactes, et en effet, le lendemain, on put lire dans les journaux la déposition du blessé. La voici :

« C'est hier, à neuf heures du soir, que notre cher Orliac a enfin repris connaissance. Auprès de lui se trouvaient, à ce moment, le docteur Rando et une sœur de Sainte-Ursule.

» Il a ouvert tout à coup les yeux et les a tenus fixés devant lui, avec une angoisse telle que la bonne religieuse — c'est son expression — en a eu froid dans le dos.

» Le médecin s'est approché de lui et, lui prenant le pouls, lui a demandé comment il se trouvait. Il n'a pas répondu tout d'abord. Ses lèvres s'agitaient sans qu'aucun son en sortît.

» C'était un moment terrible. Car bien que la plaie du front tendît déjà à se cicatriser, on redoutait toujours un de ces accidents cérébraux, trop fréquents, hélas! chez les hommes d'imagination.

» Orliac cherchait évidemment à ressaisir ses idées. Il regarda autour de lui, ne reconnaissant pas les visages qui l'entouraient.

» Évidemment, il cherchait *quelqu'un!* qu'il s'étonnait de ne pas voir à son chevet ; il était grandement à craindre que la première révélation lui causât une commotion funeste.

» Le docteur lui adressait quelques paroles d'encouragement qu'il paraissait ne pas comprendre.

» — Vous avez été gravement blessé, lui disait-il, mais, grâce à la vigueur de votre tempérament, vous êtes aujourd'hui hors de danger.

» Puis, il ajouta, pour préciser mieux encore :

» — Ne vous souvenez-vous pas ? Vous avez été assailli ici même par un malfaiteur... qui vous a tiré, à bout portant, un coup de revolver...

» Orliac ferma les yeux, parut réfléchir, puis il articula péniblement ces mots :

» — Ma femme est morte...

» Ainsi, le premier souvenir qui s'imposait à cet homme de cœur, c'était celui de sa compagne, qu'il avait vue inanimée, frappée à mort et qu'il n'avait pu défendre, même en donnant sa vie pour elle !

» Le docteur, craignant l'effet d'une trop forte émotion, crut devoir essayer d'un pieux mensonge :

» — Mme Orliac a en effet été blessée, elle aussi... de la façon la plus dangereuse... mais qui sait ? il ne faut pas désespérer...

» Orliac ouvrit les yeux tout grands et cria :

» — Vivante ! non, non !... c'est impossible !...

» Et dans une sorte de délire, il s'emporta :

» — Vous mentez ! Elle est morte, vous dis-je ! je sais bien qu'elle est morte !...

» Force fut bien au médecin de lui dire la vérité

Orliac laissa retomber sa tête en arrière et resta immobile, dans un état de prostration profonde.

» Le docteur lui fit prendre une potion calmante et il ne tarda pas à s'assoupir. En somme, la crise redoutée semblait maintenant évitée. Il fallait compter sur le repos pour rendre à cet esprit ébranlé toute sa lucidité.

» Le Parquet fut immédiatement avisé et ce matin, à dix heures, M. Besnerier, juge d'instruction, se transporta au domicile du blessé, assisté du docteur Hardouin dont le dévouement ne s'est pas un instant ralenti.

» La nuit avait apporté dans la sédation générale un progrès sensible et définitif.

» La religieuse a déclaré qu'il s'était éveillé plusieurs fois, mais qu'il était fort calme, sans prononcer d'ailleurs une seule parole.

» Mais dès que le juge s'est adressé à lui, une véritable métamorphose s'est produite sur sa physionomie. Le sang est monté à ses joues pâlies, et c'est d'une voix claire et précise qu'il a répondu aux questions de M. Besnerier.

» Frédéric Orliac a dicté, sans hésitation, la déclaration suivante que nous devons résumer, car, ponctuée par les questions du magistrat, elle a duré plus de deux heures :

« — Le samedi 20 janvier, j'étais invité à passer la soirée chez Mme la comtesse Wasiniska qui, de retour en France depuis quelques mois, habite, en attendant son installation définitive, l'hôtel Baltimore, rue Caumartin. J'ai dîné comme de coutume avec Mme Orliac qui se plaignait d'étouffements. Ma pauvre femme était depuis longtemps asthmatique et avait dû renoncer à sortir le soir, surtout pendant l'hiver.

» Au reste, elle n'a jamais aimé le monde. C'était une femme d'intérieur, bonne et dévouée.

» A huit heures, je montai dans ma chambre où mon valet de chambre m'aida à m'habiller. Mme Orliac me dit bonsoir et se préparait au moment de mon départ à rentrer dans sa chambre et à se mettre au lit.

» Comme il était un peu tôt pour me présenter à l'hôtel Baltimore, j'allai faire un tour de boulevard, je rencontrai quelques amis. Bref, à neuf heures environ, j'entrais dans le salon de la comtesse.

» La soirée se passa fort agréablement. — conversasation et musique. L'heure s'écoulait sans qu'on y prît garde. Mme Wasiniska me retint encore un quart d'heure après le départ de ses invités, ayant un léger service à me demander. Il était minuit et demi quand je sortis de l'hôtel.

» Le temps était beau. Un petit froid sec invitait à la marche. Je revins à pied.

» Comme je ne me hâtais pas, en véritable noctambule qui aime son Paris, il était près d'une heure quand j'arrivai chez moi.

» Je pris dans ma poche le passe-partout qui ne me quitte jamais et j'ouvris la porte extérieure.

» Tout d'abord je constatai quelque chose d'inaccoutumé. On dispose, tous les soirs, une veilleuse dans le vestibule, afin que je puisse allumer la bougie pour

5.

monter l'escalier. Or, le vestibule était plongé dans une obscurité profonde.

» Je crus à un oubli du domestique, et, sans y attacher plus d'importance que de raison, j'enflammai une allumette-bougie et montai au premier étage.

» Mais, à mi-chemin, il me sembla entendre un bruit insolite. Dans une maison qu'on habite seul avec sa famille, le moindre écho est aussitôt perçu. Je pensai que ma femme était indisposée et que sa femme de chambre était descendue auprès d'elle.

» Je franchis en une seconde les dernières marches de l'escalier.

» Sur le palier, je heurtai une bougie qui avait été posée à terre et qui se renversa, et guidé par la lumière d'une veilleuse qui se trouvait dans ma chambre, dont, contre toute habitude, la porte était ouverte, je m'élançai à l'intérieur.

» Que s'est-il passé alors? Mes souvenirs sont confus.

» La porte de la chambre de ma femme n'était pas fermée. Je courus à cette porte. D'un seul coup d'œil, je vis à la fois et le cadavre de ma femme, — avec une énorme tache rouge au front — et un individu qui me tournait le dos, occupé à fouiller dans son bonheur-du-jour.

» Je poussai un cri, l'homme se retourna et se jeta sur moi. Il y eut lutte, mais très courte. L'agresseur était très robuste, et, de plus, mes forces étaient paralysées par la surprise et l'horreur.

» Il y eut une bousculade ; puis un éclair passa devant mes yeux. Je tombai. Je ne sais rien de plus. »

« Ce récit si simple et si dramatique porte en soi le cachet de la vérité.

» Le magistrat a invité Frédéric Orliac à reconstituer autant qu'il lui serait possible le signalement de l'assassin.

» Bien que, dans cette scène tragique et instantanée, les observations précises aient été presque impossibles, notre confrère a pu donner les indications que voici :

» L'homme était de haute taille, vêtu d'un long paletot, qu'il croit pouvoir affirmer être de couleur vert olive. Il est moins affirmatif au sujet de la coiffure. Cependant, il est certain que l'assassin avait la tête couverte, probablement, croit-il, d'un chapeau mou à larges bords. Il a remarqué aussi de grosses et longues moustaches, pareilles à celles que Gill attribuait aux partisans du second Empire.

» Le revolver qu'on lui a représenté lui est absolument inconnu, ainsi que le marteau. Il est donc établi que l'assassin avait apporté ces armes, à moins que.. mais ce n'est pas à nous qu'il appartient de hasarder des hypothèses qui pourraient nuire à la marche de l'instruction.

» Interrogé au sujet de ses domestiques, Orliac a affirmé leur bonne conduite. Il a la plus absolue confiance en Louis Calmezat, et il savait fort bien, ajoute-t-il, que son valet de chambre passait souvent ses soirées chez le débitant en question. Il l'avait même autorisé tacitement, car, plusieurs fois, ayant eu besoin de lui dans la soirée, il l'a envoyé chercher par un commissionnaire.

» Quant à Adèle Bossut, que son service attachait plus particulièrement à la personne de Mme Orliac, il la connaît peu. Cependant il sait que sa pauvre femme se disait très satisfaite de sa complaisance et de son dévouement. Aucune circonstance ne lui avait donné lieu de suspecter sa probité ni sa moralité.

» Il a protesté vivement contre la mesure judiciaire dont elle a été l'objet; mais, après avoir entendu les explications du magistrat instructeur, il n'a pu que s'incliner devant son opinion, tout en manifestant son incrédulité quant à la complicité de cette fille dans l'attentat commis.

» Il a été procédé en sa présence à un inventaire des objets contenus dans le secrétaire de Mme Orliac. Selon lui, l'assassin n'aurait pas eu le temps de s'approprier les bijoux de la victime. Car, sauf erreur, il lui paraît que tous ceux qu'elle possédait lui sont représentés. Peu nombreux d'ailleurs, car Mme Orliac était dénuée de toute coquetterie.

» Une constatation plus grave — et sur laquelle il nous est interdit d'insister — a été faite dans la chambre même d'Orliac. Certains titres qui se trouvaient dans une enveloppe sur la table où il travaillait avaient disparu. Des mesures ont été prises immédiatement pour tirer de cette indication le profit qu'elle peut comporter au point de vue de l'instruction. »

Aucun fait nouveau ne se produisit jusqu'au 30 janvier.

A cette date, on apprit par les journaux que Jean S..., sur lequel s'étaient portés les soupçons, avait été découvert dans un petit village de la Haute-Vienne, Saint-Martin-Terresus, à cinq lieues de Limoges.

Il a suffi de quelques explications pour justifier le pauvre garçon de l'inculpation terrible qui, à son insu, pesait sur lui.

Il était arrivé dans son pays le 8 janvier et depuis lors ne l'avait plus quitté. S'il n'avait pas écrit à sa future... car il est bien décidé à épouser Adèle Bossut..., c'est uniquement parce que... il ne sait pas écrire.

Il avait été invité à se rendre à Paris et s'était conformé immédiatement à cette injonction. La fille Bossut avait été mise aussitôt en liberté par ordonnance de non-lieu.

Bref, le temps s'écoulait sans que l'instruction eût fait un seul pas en avant. Naturellement les journaux objurguaient violemment la police. Une interpellation avait été adressée au Ministre de l'intérieur, visant à le rendre responsable de l'incurie ou de l'inhabileté de ses subordonnés, et peu s'en était fallu que le crime de la rue Blanche ne fût le signal d'une crise gouvernementale. L'ordre du jour réclamé par le ministère n'avait passé qu'à une majorité insignifiante. On ne doutait pas d'ailleurs du prochain remplacement du chef de la police de sûreté.

Mais la vie marche si vite à Paris que la curiosité publique s'était portée ailleurs.

On n'avait plus d'inquiétudes à concevoir sur la vie de Frédéric Orliac, dont un journal, profitant de la vogue nouvelle acquise par son nom, rééditait un roman à grand renfort de réclames.

Dans la première quinzaine de mars, deux faits nouveaux rappelèrent l'attention sur le drame de la rue Blanche.

Ils furent rapportés par le *Nouvelliste* dans les termes suivants :

« Une découverte étrange et surtout bien inattendue vient de donner une impulsion nouvelle aux recherches de la police dans l'affaire Orliac, dont nos lecteurs n'ont certainement pas perdu le souvenir.

» Tout d'abord, il nous faut mentionner une circonstance dont, jusqu'ici, il n'a pas été fait mention.

» On se souvient que l'instrument du crime était un marteau dit *laye*, à usage de maçon. Les premiers soupçons s'étaient portés sur Jean Saron, qui, par parenthèse, épouse mardi prochain l'ancienne femme de chambre de Mᵐᵉ Orliac, Adèle Bossut.

» Or, Jean Saron, auquel on a représenté ce marteau, l'a reconnu immédiatement pour lui avoir appartenu.

» On devine combien cet aveu aurait été défavorable à cet ouvrier, si son alibi n'avait été prouvé de la façon la plus irréfragable.

» Mais la certitude absolue qu'on a de son innocence donne à sa déclaration un caractère de complète véracité.

» Il dit que, pendant qu'il travaillait avec ses camarades aux réparations de l'hôtel de la rue Blanche, ce marteau disparut, soit qu'il l'eût perdu, soit qu'on le lui eût volé.

» Il en avait même parlé à l'entrepreneur qui a confirmé le fait.

» L'assassin serait-il donc un des ouvriers qui ont passé quelque temps dans la maison, et qui auraient pu, par conséquent, étudier les habitudes de ses locataires ?

» Cette hypothèse, plausible au premier abord, est cependant combattue par cette constatation qu'à l'époque où ces ouvriers travaillaient, c'est-à-dire à l'automne, ils quittaient le chantier à cinq heures et demie et qu'aucun d'entre eux, à moins de s'être caché, n'a pu séjourner dans l'hôtel pendant les soirées.

» Nous savons d'ailleurs qu'une enquête, habilement menée par la Sûreté — une fois n'est pas coutume ! — paraît l'avoir définitivement écartée.

» Il semble plutôt que le marteau aurait été trouvé par l'assassin dans quelque coin où il aurait échappé aux recherches de Saron et où le criminel se serait blotti, en attendant le moment le plus favorable pour l'attentat qu'il préméditait.

» Ce qui donne corps à cette supposition, c'est que le meurtrier était armé d'un revolver et qu'il semble que ce soit seulement *par occasion* qu'il ait fait usage d'un marteau.

» Laissons à la justice le soin de démêler cet inextricable écheveau et arrivons à la seconde découverte dont nous avons parlé au début de cet article.

» On sait que les épaves trouvées dans la Seine et remises à l'autorité sont portées à la Morgue où elles restent exposées pendant quelque temps, puis conservées en magasin, jusqu'au jour où elles sont détruites comme définitivement inutiles.

» Or, il y a huit jours, le gardien chef de la Morgue donna ordre à un de ses subordonnés d'enlever de la salle d'exposition les effets qui s'y trouvaient depuis deux mois.

» Mais avant de les reléguer au dépôt, il les examina, comme d'ordinaire, un à un. Naturellement, comme tout Paris, il avait lu dans les journaux les détails relatifs à l'affaire Orliac.

» Il fut frappé tout à coup de la ressemblance d'un paquet d'effets avec ceux qui avaient été décrits par l'écrivain, comme vêtissant l'assassin.

» Orliac a dit que l'homme — autant du moins qu'il a pu s'en rendre compte dans le trouble de cette nuit terrible — portait un long paletot d'une couleur vert olive et était coiffé d'un chapeau mou.

» Or, le paquet en question se composait d'un paletot de la couleur indiquée, d'un pantalon de velours vert bouteille à côtes et d'un chapeau de feutre à larges bords.

» En se reportant au livre d'entrées de la Morgue, le gardien constata que ces effets avaient été déposés le 19 janvier dans la soirée (il y a évidemment erreur de date) par un marinier qui les avait trouvés sur les bords de la Seine, à la hauteur du pont de la Concorde.

» Ils avaient séjourné très peu de temps dans l'eau. C'était au déclin d'une crue, la Seine baissait rapidement. Le paquet, enveloppé dans un morceau de madapolam sans initiales, qui paraissait déchiré récemment d'une pièce plus grande, était tombé sur le rebord de la berge et avait été rapidement laissé à sec par l'eau qui se retirait.

» On avertit immédiatement notre ami Orliac qui ne put les reconnaître positivement pour ceux que portait l'assassin. Il faut avouer que cette hésitation n'a rien que de très naturel.

» Bientôt toute espèce de doute devait disparaître, et voici comme. La police, munie du revolver trouvé dans la chambre d'Orliac, a procédé à de minutieuses recherches pour découvrir l'armurier qui l'avait vendu.

» Ce n'était pas chose facile. Car cette arme — de fabrication commune — ne portait aucune indication, sauf le mot anglais — *patent* — qui ne peut servir en aucune façon à désigner un lieu de provenance.

» Cependant, à force de patience, la Sûreté acquit la certitude que cette arme avait été achetée, le 5 janvier, chez un armurier du boulevard de Strasbourg qui vend à très bon marché des revolvers de qualité inférieure.

» Par un hasard heureux, la femme de ce négociant avait un souvenir très présent d'avoir vendu ce revolver, le 5 janvier, pour une somme de onze francs, à un individu coiffé d'un chapeau mou, vêtu d'un paletot vert et porteur d'une énorme paire de moustaches qui avaient attiré son attention railleuse. Elles avaient l'air d'être fausses.

» Du reste, la vente était notée sur son livre et se trouvait être la seule de ce jour à ce prix dérisoire.

» On eut alors l'idée de mander l'armurière à la préfecture de police et de lui présenter les effets en question. Elle déclara sans hésitation que c'était bien le costume de son acheteur.

» Elle fit même à ce sujet une remarque bien féminine.

» Tout en livrant l'objet et en recevant l'argent, elle avait vu que l'un des boutons du paletot était éraillé et montrait, à travers l'érosion, le moule de bois.

» Cette indication était parfaitement exacte.

» Du reste, elle n'avait pu fournir d'autre indication sur l'homme, sinon qu'il semblait chercher à se tenir hors de la lumière du gaz et que son chapeau rabattu empêchait d'examiner le haut de son visage. De plus, quand elle lui avait rendu sa monnaie, il avait dû approcher les pièces de ses yeux, comme un myope qui n'aurait pu les voir à distance. Ses mains étaient dégantées et la marchande constata qu'elles étaient d'une blancheur et d'une finesse qui lui parurent contraster avec la tenue et les allures de l'individu.

» Cette dernière indication ne nous paraît pas avoir une grande importance. Qui veut trop prouver...

» Quoi qu'il en soit, il y a là des indices précieux.

» Nous nous empressons d'ailleurs de constater que la police, contre laquelle s'est élevé, il y a quelques semaines, un *tolle* si formidable, ne se décourage pas. Puisse-t-elle réussir à découvrir l'assassin et à le livrer à la justice ! »

Ce souhait bienveillant porta-t-il chance à la justice ?

Toujours est-il que, trois jours après, un journal du soir, crié à pleins poumons sur les boulevards, portait en tête de ses colonnes la vedette suivante, en caractères d'affiches :

ARRESTATION DE L'ASSASSIN DE LA RUE BLANCHE

« Au moment de mettre sous presse, nous apprenons qu'un nommé Marcel B... a été arrêté ce matin par les agents du service de sûreté sous inculpation d'assassinat.

» Il s'agit du crime de la rue Blanche qui a coûté la vie à Mme Orliac et auquel notre confrère Frédéric Orliac n'a échappé que par miracle.

» Sans vouloir entrer dans des détails que notre discrétion bien connue nous interdit, nous croyons pouvoir affirmer que les charges les plus graves — disons les preuves les plus convaincantes, — pèsent sur cet individu.

» A demain de plus amples renseignements. »

Le journal tint parole et publia le lendemain un long article dont suit la reproduction :

« Enfin la police a mis la main sur l'assassin de la rue Blanche, dans des circonstances assez curieuses et qui, d'ailleurs, en dépit des vœux charitables émis par un de nos confrères, ne prouvent rien en faveur de la sagacité des policiers — que l'Europe nous envie.

» Dans la première enquête, il avait été vaguement question de valeurs dont Frédéric Orliac avait constaté la disparition. Il s'agissait de cinq obligations de la ville de Lille — emprunt de 1860 — à tirages et à lots que notre confrère — ainsi qu'il nous l'a raconté lui-même — avait achetées sur ses premières économies et auxquelles il tenait par une sorte de superstition que tout le monde comprendra.

» Opposition avait été mise sur les numéros de ses titres qui — on le sait — ont une valeur nominative de cent francs et sont cotés de quelques francs au-dessus du pair.

» Bien que ces obligations aient un marché assez soutenu — étant recherchées par les petites bourses — les tirages annuels ne sont publiés par aucun journal important, à l'exception, bien entendu, des feuilles spéciales.

» Le plus souvent, pour savoir si quelque obligation est sortie au tirage, il faut aller chez M. K..., banquier, rue de la Chaussée-d'Antin qui, chargé naguère de l'émission de l'emprunt, en a conservé l'administration.

» Or, il y a quelques jours, un individu se présentait à la banque K..., se faisait indiquer les affiches apposées dans l'antichambre et les consultait attentivement, en se référant à une note au crayon qui se trouvait inscrite sur un portefeuille.

» Tout à coup il poussa un cri de joyeuse surprise et, s'avançant vers le guichet, il demanda s'il était bien exact que le n° 61,488 eût gagné mille francs au tirage du 1er septembre dernier.

» L'employé vérifia et lui répondit affirmativement, ajoutant que le lot gagné en septembre et payable un mois après le tirage était à la disposition du porteur de l'obligation, qui, selon l'usage, avait cessé de porter intérêts depuis cette époque.

» L'homme, enchanté, se répandit en remerciements, et, après s'être assuré qu'il pouvait se présenter aux jour et heure qui lui conviendraient, il partit en annonçant son prochain retour.

» L'employé causait de cette aventure avec ses camarades, lorsque l'un d'eux s'écria :

» — Le 61, 488 ! mais il est porté sur la liste d'opposition !

» On se hâta de contrôler. C'était exact ; et une recherche rapide prouva que cette obligation faisait partie des valeurs volées à notre confrère, à l'époque du crime.

» Par malheur, on avait négligé de prendre le nom et l'adresse du réclamant. Mais il était peu probable qu'étant venu vérifier les numéros des titres, il renonçât à l'aubaine inespérée qui lui tombait du ciel, à supposer que le ciel eût quelque chose à voir dans cette affaire.

» On se hâta de prévenir le commissaire de police, et bientôt, un agent installé dans les bureaux de la banque attendit patiemment le retour de l'inconnu.

» Cette attente ne fut pas de longue durée.

» Vers trois heures, l'homme reparut et, s'adressant au même employé, lui présenta l'obligation en question.

» C'était bien le numéro indiqué. Le titre était authentique. On invita le personnage à entrer dans le bureau où on le pria d'attendre et, quelques minutes après,

M. Destrem, le commissaire de police, immédiatement averti, procédait à son interrogatoire.

» Très troublé, balbutiant, cet individu déclara se nommer Jules Davérac, principal locataire d'une maison sise à Paris, 125, rue de Puebla.

» Interrogé sur la provenance de l'obligation qui se trouvait entre ses mains, il hésita d'abord à répondre, puis il prétendit qu'il la tenait d'un de ses locataires qui la lui avait remise en paiement de loyers échus.

» Le plus curieux de cette affaire, c'est que, cette déclaration était à demi exacte, comme on va le voir; le sieur Davérac ne détenant ce titre qu'en dépôt : il lui avait été remis non en paiement, mais en garantie de loyers. Il avait eu l'idée de vérifier si par hasard quelque lot n'avait pas été gagné. Voulant profiter, au détriment de son locataire, de la somme relativement importante dont celui-ci aurait dû bénéficier, il avait l'intention, après avoir touché le lot de mille francs, d'acheter une autre obligation pour la substituer à celle qui lui avait été confiée.

» Il y avait là une tentative d'indélicatesse qui ne tombe peut-être pas sous le coup de la loi, mais qui prouve une singulière perversion du sens moral chez un homme qui jouit d'ailleurs de la meilleure réputation et auquel il semble que jusqu'ici on n'ait rien eu à reprocher.

» Mais le plus important était de suivre la piste qui se présentait si inopinément aux recherches de la police.

» D'après le sieur Davérac, son locataire était un personnage bizarre, une sorte d'inventeur à moitié fou, qui occupait deux chambres sous les combles de sa maison.

» Cet homme, nommé Marcel Bidard — un nom bien connu des gamins de Paris — est marié. Sa femme travaille chez les blanchisseuses du quartier, tandis que lui-même ne sort presque jamais pendant le jour, s'absente quelquefois pendant des nuits entières, mais en résumé paraît ne se livrer à aucun travail utile et, selon l'expression de M. Davérac, traine une misère noire.

» Il était en retard de plusieurs termes, et, malgré ses promesses formelles, il n'avait même point donné un acompte au mois de janvier. M. Davérac le menaçant d'expulsion, Bidard lui remit — le 21 janvier — cinq obligations Lille, s'engageant à les reprendre sous peu contre paiement de tout ou partie des sommes dues.

» La date de cette remise — au lendemain de l'assassinat de la rue Blanche, concordait de façon trop exacte avec les premières suppositions suscitées par ces circonstances nouvelles pour que l'hésitation fût possible.

» Un mandat d'amener fut aussitôt décerné contre le nommé Marcel Bidard, qui a été arrêté avant-hier matin, au moment où il rentrait à son domicile, à cinq heures du matin.

» Inutile de dire que les quatre obligations Lille, restées entre les mains de M. Davérac, portaient bien les numéros frappés d'opposition.

» M. Besnerier a déjà fait comparaître l'inculpé devant lui et l'instruction va marcher rapidement.

» Nous tiendrons nos lecteurs au courant. »

Il y avait là, pour un reporter, trop belle matière à

interview pour qu'on la laissât échapper, et, le même jour, la *Cloche du soir* publiait cet article à sensation :

« La rue de Puebla, peu fréquentée par les vrais Parisiens, contourne le parc de la Butte-Chaumont.

» Ce matin, tout à mon devoir de reporter, j'ai frété un Chapeau blanc et me suis fait véhiculer à ces antipodes.

» La maison qui porte le n° 125 n'a pas un aspect particulièrement séduisant. C'est une vieille bâtisse entre deux terrains vagues. Les fenêtres sans persiennes sont adornées de loques de toutes natures qui s'efforcent de sécher aux rayons de l'étoile polaire. Ce qui, en langage courant, signifie que la façade, noire et sale, est exposée en plein nord.

» Quatre étages. Au rez-de-chaussée, l'inévitable marchand de vins, à l'enseigne de la *Belle Mexicaine*. Une grosse femme, née sous les tropiques... bruxellois, emplit le comptoir, et c'est d'abord à elle que je m'adresse pour obtenir quelques renseignements sur son colocataire.

» Je fais grâce à mes lecteurs du tutoiement et des « sais-tu, Monsieur, pour une fois », dont elle agrémente le dialogue.

» Elle connaît fort peu M. Bidard et ne tient pas à faire sa connaissance. — Pourquoi ? — Parce qu'elle n'aime pas les gens sournois ! — ? — Bidard est un homme maigre (Tartufe est gras cependant !), long comme un jour sans pain, à la figure jaune et creuse, qui passe les journées à des besognes de démon (??), qui rentre à des heures *induses* et qui n'a pas tant seulement dépensé un sou à la *Belle Mexicaine* depuis les trois ans qu'il est dans la maison (grief qui justifie de la part de la débitante un manque absolu de sympathie).

» — Qu'appelez-vous besognes de démon?

» — Est-ce que je sais, moi? Il fait du feu...

» Et comme je fais remarquer à la bonne dame que cette excentricité est excusable en hiver, elle me répond avec colère qu'il y a feu et feu, des feux honnêtes et des feux... qui ne sont pas à faire!

» Il me semble que Bidard a dans le quartier la réputation d'être une sorte de magicien, d'alchimiste. Bref, *il marque mal*, et la belle Mexicaine de Bruxelles n'a pas été surprise quand on lui a appris son arrestation pour assassinat.

» — Et de Mme Bidard, lui demandai-je que me direz-vous?

» — Oh! la femme du bon Dieu! qui travaille à se perdre l'âme et le corps et qui nourrit son fainéant de mari... Et tenez, justement, la voilà qui rentre.

» En effet, une femme petite, mais très grasse, au teint rosé, presque enfantin, passait devant la boutique.

» Voyant la porte entr'ouverte, elle s'arrêta et salua de la tête la belle Mexicaine.

» Me remarquant alors, et me prenant peut-être pour quelque agent de police, elle eut un mouvement de recul. J'allai aussitôt à elle et me fis connaître.

» A ma réelle surprise, mon titre de journaliste parut lui faire l'impression la plus favorable.

» — Vous voulez me parler, Monsieur?

» — Oui, Madame, il s'agit de...

» — De mon pauvre mari. Ah! venez, venez, Monsieur! Si vous saviez! Vous le défendrez, n'est-ce pas?

» J'ai pu commencer cet article en raillant, mais, à partir du moment où je me trouvai en face de Mme Bidard, j'avoue que toute envie de plaisanter m'abandonna.

» Je me sentis saisi, en présence de cette femme courageuse, bonne et intelligente, d'une sympathie dont je ne cherche pas à me défendre.

» Je ne puis certes imposer à personne la conviction qui s'est formée dans ma conscience pendant le long entretien que j'ai eu avec Mme Bidard.

» Mais je suis certain que mes lecteurs concluront d'eux-mêmes.

» Mme Bidard, qui, malgré sa taille exiguë et replète, malgré même le costume plus que modeste qu'elle portait — robe de mérinos noir défraîchie et poussiéreuse, chapeau de paille noire, bottines navrantes et navrées — m'apparut immédiatement comme douée d'une réelle distinction.

» Je remarquai ses mains courtes, grasses, abîmées par des travaux manuels, et conservant cependant un dessin exquis.

» Pendant que je montais derrière elle jusqu'à son appartement, je constatais dans sa démarche, dans sa lassitude même, je ne sais quelle grâce primordiale que la misère n'avait pas effacée.

» Je dois dire avant tout que Mme Bidard a les cheveux gris, ce qui éloigne toute supposition de galanterie déplacée.

» Nous gravîmes quatre étages d'un escalier peu confortable, mais possible. Arrivé au dernier palier, je vis alors une sorte d'échelle faisant trou dans le plafond.

» — Quoi! Madame, m'écriai-je, c'est là?...

» — C'est au grenier, oui, Monsieur, me répondit-elle en souriant tristement, si vous craignez de vous fatiguer...

» J'eus honte de ma surprise et je grimpai résolument.

» Nous fûmes bientôt sous le toit, où une sorte de cage percée d'une porte nous introduisit dans ce fameux logement dont le loyer était dû depuis trop longtemps au propriétaire.

» Toute description serait inutile. Qui ne connaît un grenier?... non pas le grenier du poète, avec petite fenêtre donnant sur les toits et... sur les rêves d'avenir.

» Là, c'est le vrai grenier, les combles, occupant tout le dessus de la maison; je ne sais quel diable d'entrepreneur a bâti cette chose étrange. Mais il y a là un enchevêtrement de poutres, de solives, d'arcs boutants à soutenir toute une carcasse de vaisseau. On se croirait dans un navire dont la quille serait en l'air.

» La partie du milieu, la plus haute (on peut s'y tenir debout), a été divisée en deux parties, séparées par une cloison en voliges, et forme ainsi deux pièces, l'une, la chambre à coucher, garnie d'un pauvre lit en fer, d'une table et de deux ou trois chaises de paille, l'autre, la salle à manger (!!!), éclairée par un œil-de-bœuf, tourné vers Paris et d'où l'on découvre un panorama stupéfiant de beauté.

» Dans cette salle à manger — ou peut-être plutôt cuisine — un fourneau de fonte. Je me demande par où on a pu le faire entrer ! Puis, partout, à terre, sur des planches, des cornues, des matras, des alambics, des tubes de toutes formes, des flacons, des bocaux... que sais-je? tout l'arsenal de Nicolas Flamel... et un musée minéralogique à paver un village !

» Dans un coin, sur une table, une pile de papiers, de cahiers dont on voit les dos cousus de fil rouge.

» Enfin, les deux espaces qui fuient sous la déclivité du toit sont remplis d'objets sans nom que je n'aperçois qu'imparfaitement. Je distingue des débris de fer, de plomb, de zinc ; une espèce de machine qui, dans l'ombre, ressemble à une araignée énorme. Tout cela forme un ensemble bizarre, saisissant, un enfer d'étrangetés au milieu duquel Mme Bidard, douce, avec son visage rosé et ses yeux bleus et profonds, semble une bonne fée prisonnière de quelque démon.

» Je dois dire que cette impression première se dissipa bientôt : il n'y avait là ni enfer ni prisonnière... peut-être pas même de démon.

» — Monsieur, me dit Mme Bidard, je suis bien heureuse que vous soyez venu. J'hésitais à aller moi-même dans les journaux prier un de ces messieurs de m'entendre ;... je crois que je m'y serais décidée aujourd'hui.

» Peut-être m'aurait-on bien accueillie, car — je vous prie de me garder le secret — je suis la sœur de X..., qui a été longtemps votre confrère et qui est mort il y a deux ans.

» Elle me nomma un journaliste dont aucun de nous n'a perdu le souvenir et qui fut un de nos plus sympathiques camarades. Je ne suis pas autorisé à prononcer son nom, Mme Bidard, par une exquise délicatesse, désirant que son souvenir ne soit pas mêlé à cette douloureuse affaire jusqu'à ce que la lumière soit faite complètement.

» Je lui promis d'être discret, et, lui assurant la sincère bienveillance de la presse, je l'invitai à continuer.

» — J'ai trente-huit ans, me dit-elle. Je parais beaucoup plus que mon âge : mais c'est au malheur qu'il faut attribuer cela. Je ne me plains pas d'ailleurs, j'ai accepté mon sort et je pourrais ajouter que je l'accepte encore avec joie.

» J'avoue qu'en face de cette misère et aussi de l'accusation terrible qui pèse sur son mari, cette résignation me parut excessive.

» Ma physionomie trahit sans doute ce sentiment intime, car Mme Bidard reprit aussitôt :

» — Vous vous étonnez, c'est naturel. Vous vous demandez comment dans cet état de gêne, disons le mot, de misère, je puis encore me déclarer satisfaite. C'est que vous ne connaissez pas mon mari, et que vous ne pouvez comprendre comment l'espérance, bien mieux, la certitude d'un meilleur avenir aide à supporter les tristesses du présent.

» — Il y a longtemps que vous êtes mariée ?

» — Douze ans. J'avais vingt-six ans quand j'ai épousé M. Bidard qui était professeur de chimie dans

6.

un collège de Bretagne... et, tenez, je vais vous dire en deux mots l'histoire de notre mariage.

« Mon frère et moi, nous étions orphelins, sans fortune. Nos parents étaient de petits commerçants qui avaient, tant bien que mal, joint — comme on dit — les deux bouts, mais qui, enlevés, à quelques semaines l'un de l'autre, par une épidémie de fièvre typhoïde. n'avaient pu assurer l'avenir de leurs enfants. Je ne leur adresse aucun reproche. C'étaient de braves cœurs et d'honnêtes consciences.

» Mon frère était parti pour Paris. D'une imagination vive, sans grande éducation, mais doué de rares facultés d'assimilation, il s'adapta rapidement au milieu nouveau dans lequel il se trouvait. Son style original, son esprit endiablé lui acquirent la notoriété que vous savez.

» Quant à moi, j'étais restée auprès d'une tante — j'avais vingt-deux ans alors — qui, propriétaire d'une petite maison, louait des chambres meublées. M. Bidard était son locataire depuis plusieurs années déjà. Il a maintenant quarante-six ans, il en avait trente.

» M. Bidard est fils de paysans. Étant enfant, il a reçu plus de coups que de caresses. Aussi dès ses premières années était-il possédé du désir de conquérir son indépendance par le travail.

» Il fit tant et si bien qu'un maître d'institution, remarquant ses étonnantes dispositions, l'admit gratuitement chez lui. M. Bidard remporta de magnifiques succès universitaires et, finalement, obtint la place que je vous ai dite au collège de Quimper, ville que j'habitais moi-même.

» Il est Breton et je suis Bretonne. Nous sommes tenaces et énergiques tous les deux. Bien nous en a pris.

» Je reviens à la maison de ma tante. M. Bidard, après avoir donné ses cours, rentrait et prenait ses repas à la table de famille.

» Vous dirai-je un de ses défauts — qui pour moi est une de ses grandes qualités? — M. Bidard est extraordinairement bavard.

» Il faut qu'il parle. Le silence lui est insupportable. S'il ne pouvait jeter au dehors les idées qu'il a dans la tête, son cerveau éclaterait. Si bien qu'à la table des pensionnaires, M. Bidard — sans souci d'être écouté — exposait continuellement les théories scientifiques auxquelles il consacrait tous les loisirs que lui laissaient ses travaux obligatoires.

» C'était chose presque comique que l'habitude prise par les trois autres pensionnaires de causer de leurs affaires, sans tenir compte des longs discours de M. Bidard que personne n'écoutait, bien mieux, que personne n'entendait, tant l'habitude était prise.

» Je dois ajouter que sa conversation ou plutôt ses monologues n'avaient rien de bien séduisant pour les jeunes gens qui se trouvaient là et qui, employés de commerce ou petits fonctionnaires, demandaient avant tout à se délasser.

» Il causait toujours chimie, chimie transcendante, ayant déjà dans sa tête le germe d'une théorie originale et superbe qu'il ne m'appartient pas de vous expliquer, mais qui — vous allez être surpris — me frappa, moi, jeune fille, plus que je ne saurais dire.

» J'avais reçu une éducation moyenne; mais j'étais travailleuse et surtout curieuse. Quelques livres, qui avaient été laissés chez ma tante par un de ses précédents locataires, et que j'avais lus attentivement, me rendaient apte à comprendre, tout au moins dans leurs grandes lignes, les théories de M. Bidard.

» Donc, j'écoutais et, pour tout dire, j'étais la seule auditrice de ce cours que M. Bidard semblait se faire à lui-même tous les soirs. Son enthousiasme, son exaltation me gagnaient. Je me hasardais à lui répondre, à glisser quelques répliques, prouvant que je comprenais un peu ce dont il s'agissait.

» Ah! Monsieur, jamais je n'oublierai la physionomie de mon brave et cher mari ce soir-là. Elle était extatique. Je vous jure qu'il me trouvait plus que belle, sublime, idéale!... Vous comprenez ce qui s'ensuivit: désormais je fus son élève, son secrétaire. Je vous affirme que ma tante pouvait nous laisser seuls sans inquiétude. La science me gardait. Bref, un jour vint où nous comprîmes que nous ne pouvions vivre l'un sans l'autre, nous nous mariâmes, et ce fut alors seulement que nous nous aperçûmes que nous nous aimions — mieux que scientifiquement — d'un amour sincère et profond. »

« Ici, reprend le rédacteur, je demande à ouvrir une parenthèse. Je ne me plais pas, qu'on le sache bien, à faire ici de la fantaisie, des mots d'auteur, selon l'immortelle expression de Mme Gibou. Au contraire, si j'ai un reproche à m'adresser, c'est d'atténuer involontairement, par défaut de mémoire, l'originalité, la verdeur géniale du récit de Mme Bidard.

» Dumas fait dire à un de ses personnages, à propos de la *Princesse de Bagdad :*

» — Son mari peut se vanter d'avoir là une vraie femme.

» Je reprendrais volontiers le mot pour mon compte : et sans rompre de lances ni pour ni contre l'accusation qui pèse sur M. Bidard, je puis affirmer qu'il a une vraie femme.

» Ajoutez donc à ma sténographie le geste juste, la physionomie vivante, l'œil intelligent d'une créature de premier ordre, et vous comprendrez un peu l'émotion que j'ai ressentie et que je ressens encore.

» Mme Bidard continuait : « Nous étions mariés depuis un an à peine, quand ma tante mourut. Son héritage, y compris la petite maison, s'élevait à quelques milliers de francs, que nous partageâmes, mon frère et moi.

» J'ajoute bien vite que, depuis, me sachant dans la gêne, mon frère m'a forcée d'accepter la restitution de sa part. C'était un bon cœur.

» M. Bidard rêvait depuis longtemps de venir à Paris. Enterré dans une petite ville de province, il sentait que jamais il ne disposerait des moyens nécessaires pour donner à ses expériences les développements qu'elles comportent. De plus, bien qu'il entretînt une correspondance active avec plusieurs savants de la capitale, il brûlait du désir de se mettre en relations directes avec eux.

» Ce que je vais vous dire vous paraîtra peut-être bien ridicule, mais ces désirs, je faisais plus que de m'y soumettre. Ils étaient miens tout à fait. J'étais plus ambitieuse encore que mon mari, mais, croyez-le bien, dans le sens élevé du mot, comme je le suis encore aujourd'hui que nous touchons au but.

» Vous regardez autour de vous, et vous êtes tenté de prendre en pitié ce que vous croyez être des rêves de richesse. Ni mon mari ni moi ne savons, ne voulons savoir ce que c'est que l'argent. Nous vivons mal, très mal. Je travaille chez les blanchisseuses, et j'apporte au ménage le plus que je puis. Mais nous avons si peu de besoins! Nous n'en avons qu'un, celui de voir enfin rendre justice à une idée des plus fécondes, des plus admirables du siècle... »

Ici Mme Bidard, dans la force de l'improvisation, prononça quelques noms, certains termes techniques qui semblaient lui échapper comme à son insu. Je ne suis pas grand clerc en matière scientifique et ne me veux point faire plus érudit que je ne suis. Je n'y comprenais pas grand'chose : à peine si les deux mots de « physiologie minérale » — dont la signification m'échappe — me sont restés dans la mémoire. Je craignais que Mme Bidard ne s'égarât en des dissertations qui, je le confesse à ma honte, eussent été perles jetées devant un... profane, et je la ramenai doucement au sujet brûlant de notre entretien.

» — Bref, lui dis-je, vous êtes venus à Paris et vous n'avez pas réussi.

» — Détrompez-vous ! Je vous l'ai dit, nous touchons au but.

» — Mais vous êtes toujours dans la gêne, et vous n'avez pu, depuis plusieurs trimestres, payer votre loyer...

» — C'est vrai.

» — Vous savez qu'on accuse votre mari d'avoir commis un crime pour se procurer des ressources.

» — C'est absurde. Non seulement M. Bidard est un honnête homme, mais encore il est incapable d'un acte de violence quel qu'il soit. Il ne s'est jamais emporté, sinon pour défendre ses théories scientifiques.

» — Comment expliquez-vous alors qu'il ait en sa possession des titres qui ont été volés rue Blanche, la nuit même de l'assassinat?

» — Je n'explique rien. M. Bidard répondra. Quant à moi, j'ignorais même qu'il eût ces titres en sa possession et qu'il les eût remis au propriétaire.

» — Encore une question, Madame, car je ne veux pas abuser plus longtemps de votre complaisance. Vous pouvez d'un mot faire tomber l'accusation qui pèse sur votre mari. A-t-il passé auprès de vous la nuit du 19 au 20 janvier?

» Très simplement, Mme Bidard me répondit :

» — Non, Monsieur. Trois fois par semaine, M. Bidard va passer une grande partie de la nuit chez un savant...

» — Qui se nomme?

» — Je ne me crois pas autorisée à vous dire ce nom. C'est affaire à M. Bidard. Toujours est-il que mon mari, pour des raisons qu'il expliquera s'il le juge convenable, est souvent absent la nuit.

» — J'espère pour lui, Madame, qu'il pourra prouver son alibi...

» — Oh! je suis sans inquiétude. Ce que je vous demande seulement, et du fond du cœur, c'est de réagir contre la tendance railleuse et presque malveillante que j'ai remarquée ce matin dans quelques journaux. M. Davérac a cru pouvoir se permettre de dire que mon mari est un personnage bizarre, à demi fou. M. Bidard est un homme d'une intelligence supérieure, qui ne vit que pour la science et qui est incapable d'une mauvaise action. J'attends avec patience sa mise en liberté, et je ne voudrais pas qu'à sa sortie de prison il eût à souffrir d'appréciations injustes, motivées par une erreur de la justice.

» Je me retirai alors, emportant de ce grenier une impression ineffaçable. Quel homme est ce Bidard? Est-ce vraiment un savant de valeur ou quelqu'un de ces chercheurs d'absolu dont la folie est contagieuse, surtout pour leurs proches?

» Eh bien! non! Je n'y puis croire. J'ai vu une femme énergique, intelligente, douée d'une lucidité parfaite; et si d'après elle je juge son mari, je suis bien près de croire, malgré les charges qui l'accablent, que l'instruction fait encore fausse route. »

Cet article produisit une grande sensation, et l'opinion publique fut bien près de se ranger à l'opinion du journaliste.

On se passionnait. Les journaux, serviteurs attentifs

de la curiosité générale, publiaient chaque matin des informations nouvelles.

L'une d'elles fit apparaître sur la scène de l'instruction un des principaux personnages, qui, jusque-là, avait gardé le silence.

Un entrefilet affirmait que « notre confrère Orliac », mis en présence de l'accusé Bidard, l'avait formellement reconnu.

Orliac crut devoir répondre par la lettre suivante :

« — Monsieur et cher confrère, permettez-moi de rectifier une assertion erronée que vous avez accueillie — sans malveillance d'ailleurs — dans votre estimable journal. Certes, rien ne peut m'être plus pénible que d'intervenir dans les polémiques qui s'élèvent autour du drame douloureux de la rue Blanche. Mais, s'il est vrai que je me sois juré d'employer toute mon énergie, toute ma force de volonté à poursuivre, à découvrir, à livrer à la justice l'assassin de Mme Orliac — car eussé-je été frappé seul que je pardonnerais — d'autre part je ne redouterais rien tant que de me laisser égarer par le ressentiment et de peser, plus qu'il ne convient, sur les décisions de la magistrature.

» J'ai été mis en effet en présence de l'homme qui a été arrêté. Voici exactement ce qui s'est passé, et M. le juge d'instruction me pardonnera de répéter publiquement ce que je lui ai dit à lui-même. Si parfois le secret est nécessaire, ici je le juge parfaitement inutile.

» J'ai dit textuellement :

» L'homme que vous me représentez me paraît avoir la taille de l'assassin ; cependant, même dans sa carrure, je ne retrouve pas les signes de force qui m'avaient frappé. Celui-ci est maigre, l'assassin m'a paru replet et vigoureux. Enfin j'ai noté particulièrement des moustaches longues et épaisses, que je ne retrouve pas sur le visage de l'accusé qui est absolument glabre.

» Alors l'accusé a été revêtu de la longue redingote vert olive, coiffé du chapeau mou, on lui a posé une paire de fausses moustaches. Cette transformation s'effectuait dans la pièce voisine.

» L'homme a reparu, et, du premier mouvement, je me suis écrié :

» — C'est lui, le misérable !

» Mais permettez-moi de parler ici en homme de théâtre, en homme du métier. Dans toute pièce où on a besoin de faire sortir de scène l'acteur qui, par exemple, joue le traître, et où on veut laisser au public l'illusion qu'il n'a pas quitté la place, on lui substitue adroitement un figurant portant les mêmes vêtements et les signes physiques que j'appellerai excessifs. L'illusion est obtenue pour un temps très court, mais qui suffit à l'effet cherché.

» Eh bien ! après avoir poussé l'exclamation que j'ai dite, j'ai fait observer au juge que l'apparition subite de n'importe qui, de moi-même, vêtu de ces habits, décoré de ces moustaches caractéristiques, donnerait à qui a vu l'assassin, la nuit, dans le trouble d'une scène tragique, l'illusion d'une identité parfaite.

» Je n'ai donc pas *formellement* reconnu cet homme pour l'assassin. Sur mon âme et conscience, je ne puis rien affirmer et n'affirme rien.

» Pardonnez-moi cette longue lettre, mais a-t-on besoin de s'excuser, quand on ne cherche que la vérité?

» Veuillez agréer, etc. »

Frédéric Orliac, qui aurait eu tant de raisons d'obéir à la passion, fut jugé par tous comme faisant preuve d'une héroïque impartialité.

L'impression laissée par l'interviewer de Mme Bidard s'effaça rapidement, surtout quand on apprit que l'armurier qui avait vendu le revolver avait affirmé sans hésitation reconnaître l'accusé pour son acheteur mystérieux.

Le doute était-il permis d'ailleurs quand Bidard se refusait formellement à faire connaître l'emploi de son temps pendant la nuit du 19 au 20 janvier? Tout ce que l'instruction avait pu constater — et cela d'après ses propres aveux confirmés par sa femme et par la Belle Mexicaine — c'est qu'il était sorti de chez lui à onze heures du soir et rentré à cinq heures du matin.

Quant à la possession des titres qu'il avait remis à son propriétaire, l'étrange explication qu'il en donnait et que nous allons rapporter dans le compte rendu du procès qui s'ensuivit ne pouvait paraître qu'invraisemblable.

Marcel Bidard fut renvoyé en cour d'assises.

Les débats s'ouvrirent le 27 juin, c'est-à-dire plus de cinq mois après la perpétration du crime.

Aucun fait nouveau n'avait été révélé au public. Une légende s'était formée autour de l'accusé, qu'on se plaisait à représenter comme une sorte de Balthazar Claës, sacrifiant tout à sa passion scientifique, et qui vraisemblablement n'avait commis ce crime atroce que pour se procurer les ressources nécessaires à quelque coûteuse expérience.

On supposait que l'avocat plaiderait la folie, l'irresponsabilité. Un romancier que les lauriers d'Edgard Poë empêchent de dormir, n'était-il pas allé jusqu'à bâtir un drame de toutes pièces, où l'hypnotisme et la suggestion jouaient le principal rôle? Bidard, dans cette hypothèse, n'aurait été que l'instrument inconscient de quelque savant aussi *magnétique* que peu délicat. C'était ingénieux. Rien de plus.

A l'époque où vint le procès, il n'y avait ni première à sensation, ni renversement prochain du ministère, ni nouveau crime à succès, si bien que l'affaire Bidard reprit le premier rang parmi les attractions du jour.

On s'arracha littéralement les billets d'audience : romanciers, artistes, comédiens, académiciens, jolies femmes de tous les mondes — de grande et de petite marque — envahirent le prétoire et se glissèrent jusque derrière le fauteuil du président.

Quand l'accusé parut, il y eut un long frémissement dans la foule.

Marcel Bidard était un homme de taille très élevée, mais sa redingote serrée à ses épaules et à son torse accusait une maigreur véritablement exceptionnelle, augmentée sans doute par les angoisses d'une longue prévention.

Ce grand corps semblait brisé en plusieurs morceaux ; on eût dit qu'il ne se tenait debout que par un miracle d'équilibre.

La tête ronde, mais très haute, était surmontée d'un crâne chauve, encerclé d'une couronne étroite de cheveux d'un blond grisonnant. Elle rappelait absolument les figures astronomiques qui représentent Saturne et son anneau. Il y avait presque égalité entre le dessus et le dessous de la couronne. Un œuf coupé en deux par un ruban. Le visage était blanc, sans un poil follet, le nez large, les lèvres épaisses, le menton proéminent, les mâchoires larges.

Les yeux, grands et bleus, étaient très clairs.

La physionomie de l'accusé portait l'empreinte d'une profonde tristesse. Il répondait aux questions du président d'une voix basse qu'il cherchait à assurer, mais qui parfois vibrait de larmes contenues.

Du reste, M. de Sampayre, qui présidait, l'interrogeait avec son aménité et sa patience ordinaires.

M. le procureur général occupait le siège du ministère public. Il avait jugé qu'il devait à M. Français, le célèbre avocat, de se mesurer avec lui dans cette lutte judiciaire.

Passant sur les formalités préliminaires, sur l'appel des témoins qui fut l'occasion d'une manifestation universellement sympathique en faveur d'Orliac, nous arriverons immédiatement à l'interrogatoire de l'accusé auquel nous conserverons sa forme judiciaire.

LE PRÉSIDENT. — Vous êtes accusé de vous être introduit, pendant la nuit du 19 au 20 janvier dernier, dans la maison habitée par M. et Mme Orliac, à l'aide de fausses clefs, d'avoir frappé Mme Orliac d'un coup de marteau qui a déterminé une mort immédiate, puis d'avoir tiré à bout portant un coup de revolver sur M. Orliac, enfin, de vous être approprié quelques titres d'obligations qui se trouvaient sur le bureau de la victime. Qu'avez-vous à répondre ?

BIDARD, d'une voix mal assurée. — J'ai à répondre à monsieur le Président qu'il y a là une épouvantable erreur et que je suis innocent.

D. Procédons par le détail. Vous occupiez, il y a dix ans, une chaire scientifique au collège de Quimper. Jusque-là, il semble que votre conduite n'ait donné lieu à aucun reproche. Vous vous êtes marié, la tante de votre femme est morte, et aussitôt que vous avez été en possession du petit héritage qui vous était échu, vous vous êtes laissé emporter par l'ambition. Vous avez donné votre démission et vous êtes venu à Paris. A combien se montait cet héritage ?

R. A quatorze mille francs, dont la moitié revenait au frère de ma femme. D'ailleurs il nous a rendu généreusement sa part quelques années après.

D. Vous avez donc disposé de quatorze mille francs. Au lieu d'employer cette somme à vous créer une situation, vous avez vécu au jour le jour sur le capital qui s'est trouvé d'autant plus rapidement épuisé que vous le gaspilliez en achats inutiles, produits chimiques, minéraux de toute provenance et aussi en expériences folles et coûteuses. Peu à peu la misère est venue, et depuis plus de deux ans vous seriez littéralement mort de faim, sans le courage de votre femme qui s'est résignée aux plus humbles travaux pour vous procurer le nécessaire. Tout cela n'est-il pas exact ?

Ici, Bidard se redressa, et ce fut d'un accent plus ferme qu'il répondit :

— Je me dois à moi-même, je dois à ma courageuse compagne de protester contre certaines de vos paroles. Je n'ai pas fait d'achats inutiles, je n'ai pas gaspillé d'argent en expériences folles. Je cherche la solution d'un des plus grands problèmes scientifiques, et j'y ai consacré toutes mes ressources matérielles et morales. Quant à ma femme, elle s'est associée à mes travaux et à mes espérances ; son dévouement est aussi honorable pour elle que pour moi.

Prononcées avec une dignité de bon aloi, ces paroles firent une favorable impression.

— Passons, reprit le président. Un point est établi, c'est que vous êtes actuellement sans ressources. Attendez! L'accusation affirme que c'est pour vous procurer de l'argent que vous avez commis le crime qui vous est imputé. En effet, alors que la veille du 20 janvier vous ne possédiez rien et étiez débiteur envers votre propriétaire d'une somme relativement forte, le lendemain vous lui remettez en dépôt pour le faire patienter des titres au porteur, des obligations de la Ville de Lille, valant en tout cinq cents francs environ. Or, ces titres sont justement ceux qui ont été volés par l'assassin à M. Orliac. Comment expliquez-vous cette circonstance?

— Voici l'exacte vérité. Il était cinq heures du matin. Je passais sur la place de la Trinité, réfléchissant à certains calculs d'une importance capitale pour ma théorie. Devant la balustrade du square, mon pied heurta quelque chose. Je me baissai. C'était une large enveloppe contenant quelques papiers. Justement j'avais besoin de noter une formule intéressante. Je m'approchai d'un bec de gaz, j'écrivis sur l'enveloppe les indications utiles, et je mis le tout dans ma poche.

— D'après votre système, qui ne peut se soutenir un instant, vous avez ramassé cette enveloppe par distraction, vous avez négligé de l'ouvrir, encore par distraction, vous l'avez rapportée chez vous, toujours par distraction, et c'est sans doute aussi par distraction que vous avez remis ces titres à votre propriétaire.

— Voici comment cela s'est passé. Ces papiers étaient restés dans ma poche. M Davérac m'arrêta au passage pour réclamer assez durement ce qui lui était dû. Je ne l'en blâme pas. Il était dans son droit. Je lui répondis que je n'avais rien, qu'il lui fallait attendre, et je voulus passer. Il me bouscula, ma redingote s'ouvrit et l'enveloppe tomba. M. Davérac reconnut des titres au premier coup d'œil. Moi je n'avais pas regardé. Il me proposa de lui laisser ces papiers en nantissement. J'y consentis facilement, heureux de me débarrasser de ses obsessions, surtout au moment où j'avais bien d'autres choses en tête. J'ignorais absolument la valeur de ces papiers, j'ignorais même qu'ils fussent en ma possession. Voilà la vérité exacte. (Légères rumeurs dans l'auditoire.)

— En vérité, vous vous faites trop naïf. Vos affirmations se réfutent d'elles-mêmes. Selon vous, ces titres, ramassés par hasard, seraient restés près d'un mois dans votre poche sans que vous eussiez songé à les regarder.

Mais s'ils y étaient restés pendant ce temps, votre femme les aurait trouvés...

— Ma femme ne touche jamais ni à mes poches ni à mes papiers. (Hilarité.)

— Soit. Venons à un point important. Vous vous trouviez, dites-vous, à cinq heures du matin, sur la place de la Trinité. D'où veniez-vous à cette heure matinale?

— Je venais... Je travaillais trois fois par semaine, pendant la nuit, chez un savant qui a bien voulu s'intéresser à mes théories et m'aider à leur démonstration. Je revenais de chez lui.

— Comment se nomme ce savant?

— Je ne puis le dire.

— Où demeure-t-il du moins?

— Dire son adresse serait dire son nom, et je ne m'en reconnais pas le droit.

Ici, l'auditoire, visiblement irrité, interrompit l'accusé par des exclamations d'incrédulité. Le président dut le rappeler au silence, en ajoutant les menaces ordinaires d'expulsion.

— Je vous engage, dans votre intérêt, dit le président à l'accusé, à abandonner ce système absurde. Il est vrai que vous sortez souvent la nuit : vous affirmez à votre femme que vous allez travailler chez ce savant... fantastique. Elle a pu accepter cette explication de vos absences, mais, devant la justice, il faut être précis et surtout véridique. Voulez-vous faire connaître à MM. les jurés l'emploi de vos nuits?

— Je n'ai rien à ajouter.

7.

Ici, Mᵉ Français, se levant, dit :

— Monsieur le président, j'ai usé de toute mon influence sur mon client pour obtenir ce renseignement. M. Bidard est évidemment lié par une promesse que sa conscience lui défend d'enfreindre...

— MM. les jurés apprécieront. Accusé, votre silence sera interprété comme une preuve de culpabilité. Vous n'êtes point passé à cinq heures du matin sur le square de la Trinité. A minuit, vous vous introduisiez dans la maison d'Orliac avec une fausse clef.

— Non, monsieur le président.

— Vous possédez chez vous un fourneau qui vous sert de forge. C'est vous-même sans doute qui avez fabriqué cette clef ?...

— Non, monsieur le président.

— La nuit du crime, vous étiez vêtu d'une redingote vert olive. Aucun de vos voisins ne vous a jamais vu vêtu de cette façon. Il y a donc lieu de croire que, pendant ces nuits mystérieuses, vous vous rendiez en quelque endroit où vous vous déguisiez pour n'être pas reconnu...

— Tout cela est absurde.

— L'accusation vous dira que, quelques jours auparavant, dans la soirée, vers dix heures, vous étiez venu reconnaître la maison d'Orliac, que vous avez stationné auprès de la porte, sans doute pour prendre l'empreinte de la serrure.

— L'accusation se trompera, là comme ailleurs.

— Elle vous dira encore que vous avez pénétré dans la maison, sachant que Mᵐᵉ Orliac était seule, que vous l'avez frappée à la tête d'un coup de marteau... Où avez-vous trouvé ce marteau ?

L'accusé ne se laissa pas prendre au piège de cette brusque question :

— Je n'ai pas trouvé de marteau.

— Au moment où vous forciez le secrétaire de Mme Orliac, vous avez été surpris par l'arrivée inopinée de son mari. Vous vous êtes jeté sur lui. Vous lui avez tiré à bout portant un coup de revolver. Puis vous avez saisi sur son bureau l'enveloppe dans laquelle vous aviez reconnu des valeurs, et vous vous êtes enfui. Vous avez jeté le marteau dans la rue. Vous êtes allé lancer dans la Seine les vêtements qui vous couvraient. Puis vous êtes rentré chez vous à cinq heures.

— Monsieur le président veut-il me permettre une observation !

— Parlez.

— Je suis un esprit précis, mathématique. Or, il y a dans les circonstances de ce meurtre un détail qui m'étonne. Il ne me touche pas, puisque je ne suis pas l'assassin. Mais peut-être pourrait-il aider la justice à trouver la véritable piste.

L'accent de Bidard était complètement changé. On eût dit qu'il s'agissait de faits qui lui fussent absolument indifférents, de la démonstration d'un théorème et rien de plus.

— L'assassin aurait, parait-il, frappé Mme Orliac d'un coup de marteau. Selon toute apparence, il tenait ce marteau de la main droite. Ce marteau lui servait aussi à briser le petit meuble. Quand Orliac est arrivé, ou il l'avait encore en main ou il l'avait jeté à terre. Il semble plutôt qu'il ne l'eût pas en main, sans quoi il s'en fût servi contre Orliac, tandis qu'il a fait usage d'un revolver. Donc, je le répète, le marteau était à terre. Nous savons qu'il n'appartenait pas à l'assassin et que, par conséquent, il ne pouvait servir à indiquer sa trace. Alors pourquoi l'assassin l'a-t-il ramassé, pour l'emporter et ensuite le jeter à quelques mètres de la maison ? Retrouvé là, il était tout aussi compromettant que s'il l'eût laissé dans la maison... enfin pourquoi ne l'a-t-il pas jeté dans la Seine avec ses vêtements ?...

— Je ne comprends pas, dit le président, où tend ce raisonnement. Quelle est votre conclusion ?

— Encore une observation. Comment l'assassin s'est-il emparé de valeurs dont, je l'ai compris depuis, la négociation aurait été dangereuse, et, ceci fait, comment les a-t-il jetées dans la rue ?

— Vous oubliez que ce dernier point est démenti par l'instruction. Mais encore une fois, que prétendez-vous prouver ?

— Moi, rien ! Je dis seulement que tout cela est bien singulier.

Le public, qui avait cru à une révélation intéressante, laissa échapper un murmure de désappointement.

— Je conclurai, moi, reprit le président. Vous entendrez le témoignage d'un commissionnaire qui vous reconnaît formellement pour vous avoir vu rôder autour de la maison quelques jours avant le crime, celui de la femme de l'armurier qui vous a vendu le revolver, celui enfin, moins affirmatif, mais non moins concluant, d'une de vos victimes... Encore une fois, Bidard, je vous adjure de dire la vérité.

— Je dis la vérité, je suis innocent.

— Vous avez déclaré ici même que vous vous occupiez d'études transcendantes, pour lesquelles vous avez requis le complaisant concours de l'invisible savant que vous refusez de nommer. Quel serait le sujet de ces études ?

Bidard regarda le président et parut hésiter un instant :

— Vos théories seraient-elles aussi fantastiques... que votre collaborateur ?

L'accusé releva vivement la tête et répliqua d'une voix presque dure :

— Monsieur le président, chacun a en soi le respect sincère, profond de certaines choses. Pour moi, la science est tout. Vous me permettrez donc de ne pas donner ici en risée, à un auditoire non initié à certain ordre de travaux, des théories dont le développement et la démonstration sont le but de toute ma vie.

A cette réponse dédaigneuse, il y eût dans toute la salle un véritable *tolle*. Le président, partageant sans doute les susceptibilités de la foule, négligea de réprimer cette manifestation et attendit que le bruit se fût éteint de lui-même. Puis :

— Accusé, reprit-il, vous semblez ne pas comprendre que vous venez de manquer de respect au Tribunal et à MM. les jurés. Je dois supposer que vos travaux n'ont pas plus de réalité que vos prétendues distractions. D'ailleurs, par un mot échappé à votre femme, nous savons que vous dites étudier la physiologie des minéraux, énonciation dont les termes contradictoires — la physiologie, si vous me permettez de vous le dire, ne pouvant s'appliquer qu'aux corps organiques et non à la matière inorganique — prouvent de votre part une ignorance profonde et une volonté indubitable de mystification.

— Ah ! vous trouvez cela, monsieur le président, interrompit violemment Bidard, perdant son sang-froid. En ce cas, vous voyez que j'ai raison de me taire, et je me tairai !

— Soit. N'avez-vous aucune explication à ajouter à celles que vous avez fournies ?

— Aucune, répondit Bidard d'un ton sec.

— Asseyez-vous.

Cette dernière partie de l'interrogatoire avait produit, il faut le reconnaître, l'impression la plus défavorable à l'accusé. Il n'avait opposé aux arguments de l'accusation que des dénégations dénuées de la vraisemblance la plus élémentaire.

Rien ne semblait pouvoir justifier ce refus presque brutal d'établir un alibi qui, évidemment, n'existait pas.

On approuvait généralement le président d'avoir donné à l'accusé l'occasion de prouver — s'il en était capable — sa valeur scientifique. Car un exposé clair et précis de théories — si audacieuses fussent-elles — aurait évidemment provoqué en sa faveur un élan de sympathie ou tout au moins prouvé qu'on avait en face de soi un monomane, constatation qui est le dernier recours de la pitié.

Loin de profiter de ces dispositions bienveillantes, Bidard avait ajouté, à son refus de s'expliquer, des commentaires insultants pour « des gens qui le valaient bien », disait-on dans les groupes.

M⁰ Français s'était abstenu de toute intervention : les stagiaires avaient remarqué qu'il s'était tenu immobile à son banc, la tête dans ses deux mains, attitude qui, d'après eux, lui était familière lorsque la cause présentait des difficultés exceptionnelles.

Le défilé des témoins commença, et n'apporta au procès aucun élément nouveau.

On entendit successivement l'employé qui avait ramassé le marteau, les domestiques, le propriétaire de la rue de Puebla qui chargea violemment son locataire, « un homme auquel il ne comprenait rien. »

Il y eût une scène émouvante, ce fut la reconnaissance de Bidard par le commissionnaire de la rue Blanche et par la femme de l'armurier.

Bidard dut revêtir la fameuse redingote verte, coiffer le chapeau mou, adapter à sa lèvre supérieure de grosses moustaches postiches, ce qu'il fit avec une répugnance visible.

A vrai dire, il réalisait si complétement ainsi le type d'un Robert Macaire, qu'une fusée de rire éclata dans la salle.

Lui, haussa les épaules, sans dire un mot.

Les deux témoins furent très affirmatifs. C'était le costume, c'était la taille, c'était l'allure générale. Ils n'avaient pu examiner les traits, parce que le chapeau les leur cachait, mais — la main sur le billot — dit l'armurière, elle jurerait que c'était l'homme.

Interpellé par le président, Bidard répondit à peine : il était très pâle et il semblait qu'il fît les plus grands efforts pour dompter une colère prête à éclater.

Vint le marinier qui avait ramassé les vêtements sur la berge.

Quand il eut achevé sa déposition, Mᵉ Français se leva :

— Monsieur le président, dit-il, je vous prierai de demander au témoin comment il se peut faire qu'il ait trouvé sur la berge de la Seine, dans la soirée du 19 janvier, des vêtements que, d'après le témoignage de M. Orliac, que vous entendrez tout à l'heure, l'assassin portait au moment du crime, c'est-à-dire plus tard, à minuit ou une heure.

Le marinier était un gros homme trapu, d'une intelligence plus que médiocre. Il fallut lui répéter plusieurs fois la question pour qu'il arrivât à la comprendre. Enfin, oui ou non, était-ce bien dans la soirée du 19 qu'il avait trouvé le paquet en question ?

— Pour ça, dit-il, je peux en jurer. Même que c'était un lundi et que j'étais un peu en riolle.

— Êtes-vous certain, demanda finement le président, que le mardi ne soit pas quelquefois pour vous un second lundi ?

— Dame, ça arrive.

— Si bien que vous auriez pu confondre le 20 avec le 19...

— Pour ça, non, je dis que c'est le 19.

— Et cette date, reprit M⁰ Français, se retrouve sur le registre de la Morgue, dont le gardien ne peut être accusé, je suppose, de faire le lundi...

— Cependant, reprit le président, tout semble indiquer qu'il y a eu erreur dans ces deux indications. Ne le pensez-vous pas, maître Français?...

— Je retiens l'incident, dit l'avocat, et je passe.

De fait, pour l'auditoire, c'était là une chicane de la défense, cherchant à se rattacher à toute branche. Les allures du marinier plaidaient peu en faveur de sa mémoire ; quant au gardien de la Morgue, on jugeait que M⁰ Français s'était porté un peu hardiment garant de sa sobriété.

Enfin on appela Frédéric Orliac. Il y eut dans l'auditoire un frémissement de curiosité.

Au banc des journalistes, on remarqua, avec un étonnement douloureux, un triste changement dans les allures du romancier.

Naguère, il portait haut, redressant sa taille cambrée, et le monocle rivé à l'œil donnait à sa physionomie un caractère de raillerie, presque de provocation.

Maintenant il marchait un peu courbé, tassé pour ainsi dire : de plus les yeux étaient cachés par des lunettes bleues.

Ce fut d'une voix basse, difficilement perceptible, qu'il répéta le récit déjà connu. Il ne se montra ni plus, ni moins affirmatif sur l'identité de Bidard et de l'assassin. C'était le costume, la taille, mais la carrure lui semblait moins vigoureuse.

— Monsieur Orliac, dit le président, dites à MM. les

jurés à quelles complications a donné lieu l'horrible blessure que vous a faite l'assassin...

Orliac tressaillit légèrement.

— La blessure du crâne s'est rapidement cicatrisée. Mais l'ébranlement cérébral a été plus profond qu'on ne l'a supposé d'abord : j'ai grand'peine à travailler, et, de plus, je crains un grave affaiblissement de la vue.

Il y eut dans l'auditoire un murmure de pitié.

— Bidard, reprit le président, vous êtes en face d'une de vos victimes. Elle a heureusement échappé à la mort, mais la guérison sera lente. Aviez-vous quelque raison particulière de haine contre M. Orliac?

— Mais je jure, s'écria Bidard, que je n'avais jamais vu monsieur. Est-ce qu'il me connaît, lui?

— En effet, dit Orliac, jamais je n'avais vu cet homme, du moins avant les douloureuses circonstances que l'on sait.

— Bidard, s'écria le président à son tour, ne trouverez-vous pas dans votre conscience un élan de sincérité? En face de cet homme dont vous avez tué la compagne, que vous avez doublement et cruellement frappé, je vous adjure encore une fois de dire la vérité !

— Monsieur le président, dit Bidard, jamais je n'ai senti plus douloureusement l'impuissance où je suis de me justifier. Je souffre cruellement d'être accusé d'un crime si odieux et si lâche... Sur mon honneur, je n'ai pas volé... je n'ai pas tué... j'en fais ici le serment solennel !...

Bidard s'était dressé, le bras étendu, dans une attitude théâtrale presque ridicule : on lui répondit par des huées.

— Je souhaite, Monsieur, dit Orliac, que vous puissiez prouver votre innocence.

Ce vœu, si simplement formulé par la victime, semblait rendre plus criminel encore l'auteur de cet attentat. Les quelques applaudissements, partis du fond de la salle, mais aussitôt réprimés, prouvaient l'indignation violente que soulevait l'attitude de l'assassin.

On entendit les derniers témoins. La défense s'opposa à la comparution de Mme Bidard. On ne comprit pas la raison de ce refus, qui émanait de l'accusé lui-même, et l'effet produit fut détestable.

L'heure étant très avancée, au moment où l'avocat général allait prendre la parole, la suite des débats fut renvoyée au lendemain.

En somme, en dépit de quelques invraisemblances, il y avait contre Bidard cent fois plus de preuves que contre nombre d'accusés, déclarés coupables par le jury. La possession des titres volés, la reconnaissance formelle des témoins donnaient à tous la certitude d'une condamnation.

On supposait même — non sans quelques raisons — que ce pseudo-savant pouvait bien faire partie d'une bande organisée, hypothèse qui expliquait ses sorties nocturnes et énigmatiques.

Quant aux circonstances atténuantes, il ne pouvait en être question. Le crime était odieux dans son mobile et dans son exécution. Puisque la peine de mort existe dans nos codes, c'était là un des cas où, sans nul doute, elle devait être appliquée.

Telle était l'impression générale de Paris qui, avec la spontanéité d'impressions qui est sa caractéristique, plaignait Orliac vivant bien plus que sa femme morte. Son impartialité, sa bienveillance même servaient d'arguments contre le misérable qui avait brisé sa vie et peut-être lui infligeait un supplice pire que la mort. Car on parlait d'une paralysie possible du nerf optique, déterminée par la commotion et s'étendant, par un phénomène pathologique assez fréquent, d'un œil à l'autre.

La condamnation de Bidard ne serait qu'une triste compensation à ces souffrances. Mais du moins elle donnerait satisfaction à l'opinion publique.

On attendait donc avec impatience, mais avec confiance, le verdict du jury, quand, le lendemain matin, une note mystérieuse publiée par le *Nouvelliste* vint provoquer une surprise universelle.

Elle était ainsi conçue :

AFFAIRE DE LA RUE BLANCHE. — *Nous croyons pouvoir affirmer qu'au début de l'audience d'aujourd'hui une révélation inattendue, et si étrange que nous ne pourrions la faire, pressentir sans soulever chez nos lecteurs un mouvement d'incrédulité absolue, changera complètement la face du procès et prouvera de la façon la plus irréfragable l'innocence de l'accusé.*

On devine l'effet foudroyant produit par cet énigmatique entrefilet. Les couloirs du Palais de Justice furent littéralement assiégés. On se battit à la porte de la salle d'audience. Le service d'ordre avait été doublé. Jamais le prétoire n'avait offert plus exactement l'aspect d'une salle de spectacle, un soir de grande première. Depuis le matin, le président, les juges, les avocats avaient subi des assauts féroces.

C'était dans la salle, avant l'entrée de la cour, un bruissement tumultueux de conversations, un vrai tapage de club. Quand Bidard, amené par les gendarmes, prit place au banc des accusés, peu s'en fallut qu'on ne lui fît une entrée, comme à un premier rôle.

Il paraissait fort triste, toujours calme.

On eût dit que lui seul restât inaccessible à l'émotion qui poignait l'auditoire. Était-ce donc qu'il ignorait les péripéties nouvelles dont un journal aurait eu la primeur?

Ou bien n'était-ce là qu'un immense *canard*, lancé pour surexciter la curiosité publique?

Me Français, très entouré, se refusait à répondre aux questions dont on le bombardait.

— La Cour, Messieurs.

Tous les regards interrogèrent la physionomie du président, dont le visage, rond et un peu poupin, paraissait absolument calme.

Quant aux jurés, ils chuchotaient, se penchant les uns vers les autres : là seulement il y avait comme un avant-goût de mystère.

Le président, s'adressant à Bidard, lui dit :

— Monsieur Bidard (on remarqua beaucoup le... monsieur), vous avez refusé jusqu'ici de faire connaître l'emploi de votre temps pendant la nuit du 19 au 20 janvier. Persistez-vous dans votre refus ?

— Monsieur le président, dit l'accusé, je ne puis que vous remercier de votre insistance, mais je suis forcé... forcé par ma conscience, par une parole donnée, et que je dois tenir, de garder le silence.

Le président se tournant alors vers les jurés :

— Messieurs les jurés, reprit-il, une circonstance qui vous sera tout à l'heure expliquée nous a révélé le nom de la personne chez laquelle M. Bidard a passé la nuit.

Il y eut un cri. Bidard était retombé sur son banc, effaré :

— En vertu de notre pouvoir discrétionnaire et après en avoir conféré avec M. le procureur général, nous avons décidé d'appeler et d'entendre ce témoin.

L'avocat général avait incliné la tête en signe d'assentiment.

— Huissier, dit le président d'une voix forte et en appuyant sur les mots (tout homme a dans le cœur un cabot qui sommeille), appelez M. Henri Feuillade.

Ce fut dans toute la salle une commotion électrique. Quoi ! Henri Feuillade, cette gloire de la France, l'adversaire résolu et souvent heureux de Pasteur, le dernier et infatigable défenseur de la physiologie spiritualiste, l'homme dont on pouvait combattre les doctrines, mais dont la renommée s'étendait dans le monde entier, ravivée par la publicité qu'on donnait, dans toute la presse, aux touchantes cérémonies projetées pour son centenaire, à quelques mois de là !

Et quelle ne fut pas l'émotion quand on vit, de la porte réservée aux témoins, sortir l'illustre vieillard, roulé dans un fauteuil, incapable de marcher, mais le buste droit, l'œil vif, la carnation jeune!

Des applaudissements formidables éclatèrent de toutes parts, sans que le président songeât à les réprimer. C'était une ovation superbe, méritée ; il n'était personne qui ne se sentît le cœur serré et les yeux humides.

Le tribunal s'était levé en signe d'honneur.

La scène avait un caractère grandiose.

Et pendant ce temps Bidard, ahuri, affolé, gesticulant, criait :

— Ce n'est pas moi! Ce n'est pas moi!

Enfin les huissiers parvinrent à apaiser cette tempête d'enthousiasme. Le silence se rétablit lentement, grâce surtout à la curiosité, plus puissante que les plus énergiques objurgations.

Le fauteuil du centenaire avait été roulé dans le prétoire, face au tribunal. On voyait les longs cheveux du vieillard retombant sur le dossier.

— Monsieur Feuillade, dit le président, veuillez prêter serment. Vous jurez de dire la vérité, toute la vérité, rien que la vérité?

— Je le jure, dit le savant d'une voix ferme et claire.

— Vous connaissez l'accusé?

— Certes, et je le tiens pour la conscience la plus honnête et l'intelligence la plus élevée que j'aie rencontrée pendant ma très longue existence.

Ce début promettait, d'autant que Bidard, la tête entre les mains, sanglotait comme un enfant.

— Veuillez dire à MM. les jurés ce que vous savez.

— « Messieurs, dit le savant, permettez-moi d'abord d'expliquer pourquoi je suis ici et pourquoi je n'y étais pas hier. Cet homme est innocent de l'horrible crime qui lui est imputé, je vous en donnerai la preuve tout à l'heure.

» Mais comment se peut-il faire qu'ayant cette preuve entre les mains, j'aie ainsi tardé à la produire?

» J'aurai des aveux à faire, assez pénibles pour que l'on puisse me croire, lorsque je vous affirme que cet inexplicable retard n'est pas de mon fait.

» Je suis vieux, je suis infirme, je ne quitte ce fauteuil que pour mon lit. Je suis d'un autre temps, et j'ai le très grand défaut — dont je ne pourrai me corriger, faute de délai — de rester absolument indifférent aux menus faits qui constituent la vie quotidienne. C'est vous dire que je ne lis pas un seul journal, à l'exception des recueils spéciaux, et que j'ignorais complètement l'accusation aussi injuste qu'atroce portée contre mon cher, mon excellent ami et collaborateur, M. Bidard.

» Il y a cinq mois que je ne l'ai vu, me direz-vous? Comment ne m'étais-je pas inquiété de celui que j'appelle si hautement mon ami ? Je ne suis pas coupable à ce point. J'ai envoyé deux fois chez sa femme qui a répondu avec le plus grand calme que M. Bidard était en voyage, que je n'eusse à me préoccuper ni de son silence ni de son absence. A mon âge, on est discret,

Je n'ai pas insisté, attendant patiemment le retour de l'enfant prodigue.

» Hier soir, on a frappé à ma porte. C'étaient M. Français et M. Frédéric Orliac, dont j'ai eu le très grand plaisir de faire la connaissance, et qui m'ont révélé ceci :

» Bidard, accusé d'avoir commis un double assassinat dans la nuit du 19 au 20 janvier, refusait absolument de révéler où il avait passé la nuit. Mme Bidard, qui savait tout, était restée impénétrable ; mais dans la soirée d'hier, un de mes anciens élèves, M. Maurice Parent — dont le nom est, je crois, assez connu à Paris et qui était venu me voir la veille — a remis à Me Français un billet, avec prière de le faire parvenir à M. Orliac et de le lire avec lui. Ce billet contenait simplement mon nom et invitait M. Orliac à interroger Mme Bidard à mon sujet.

» Je dois dire que M. Maurice Parent est une sorte d'original d'une intelligence hors ligne et qui a la très rare faculté de trouver la solution des problèmes les plus ardus. Comment a-t-il découvert le rôle que je jouais à mon insu dans tout ceci ? Comment, pendant sa visite, m'a-t-il fait avouer ce que j'ignorais même être en question ? Toujours est-il que Me Français et M. Orliac se sont rendus chez Mme Bidard, et il n'a fallu rien moins que la certitude de la condamnation de son mari — et encore la conviction qui s'imposait à elle que son secret pouvait être connu — pour qu'elle se laissât toucher par les prières de l'avocat et de M. Orliac, auquel je me plais à rendre cet hommage que, quoique victime du crime reproché à l'accusé, il n'a pas hésité à employer toute son influence pour arriver à la découverte de la vérité.

» Bref, Mme Bidard a avoué. On est venu me trouver et me voici !

» Maintenant, pourquoi ces hésitations ? Pourquoi ce silence poussé jusqu'à l'héroïsme ? Ici, Messieurs, c'est moi qui vais être obligé de faire ma confession, et je réclame toute l'indulgence du Tribunal. »

M. Feuillade, très maître de lui, mettait dans ses moindres paroles une finesse, une sensibilité qui touchaient le cœur des plus sceptiques. Quand il parla de confession, d'indulgence, on comprit que, sous la douce ironie de l'accent, il y avait un regret profond, sérieux, d'être contraint de révéler en public certaines faiblesses dont on ne devinait pas encore la nature.

A tout instant, ses paroles étaient soulignées par un murmure approbatif.

On avait failli applaudir au moment où on avait appris l'acte vraiment méritoire de Frédéric Orliac, s'entremettant lui-même pour prouver l'innocence de l'accusé. C'était, il fallait en convenir, de l'impartialité élevée à la hauteur d'une vertu, dont peut-être bien peu des assistants se fussent sentis capables.

Le président ayant invité M. Feuillade à continuer sa déposition, l'illustre savant reprit :

« Messieurs, je tâcherai d'être aussi bref que possible. Je n'oublierai pas que je ne suis pas en chaire de professeur, et cependant, pour que vous compreniez bien toute cette affaire, pour que surtout soit expliqué l'extraordinaire silence que gardait mon ami M. Bidard devant une aussi horrible accusation, il me faut entrer dans certains détails scientifiques pour lesquels je sollicite toute votre attention.

» Ceux qui ont bien voulu me suivre de leur bienveillant intérêt depuis quatre-vingts ans que je travaille savent que je suis resté immuablement attaché aux mêmes idées scientifiques : je ne nie pas même qu'il y ait eu de ma part un certain entêtement dans ma résistance aux idées nouvelles. Jadis, adversaire des théories de Lamark et de Geoffroy-Saint-Hilaire, partisan d'Agassiz et de Quatrefages, j'ai refusé d'admettre les théories modernes — création naturelle, sélection — et au sein de l'Académie des sciences, je me suis déclaré le champion inébranlable de la fixité des espèces.

» Je dirai même que c'est surtout à ce point de vue que je suis connu de la foule : si j'ai quelque réputation, c'est surtout celle d'un réactionnaire endurci... je ne parle, bien entendu, ici que d'opinions scientifiques.

» A mon âge, il est rare que l'on change, n'est-il pas vrai? Ceux-là même qui s'irritaient le plus de mon immobilité convaincue ne s'en étonnaient pas outre mesure. Mon siège était fait. La mort vient, et certes je n'ai ou plutôt je n'avais jamais douté qu'elle dût me trouver dans ce que certains appelleraient l'impénitence finale.

» Eh bien ! Messieurs, voici le terrible, le désolant aveu que j'ai à faire ici. A cent ans, tout à l'heure, et cela, par la faute, par le vrai crime de mon cher et savant — très savant ami M. Bidard, je vais passer pour une abominable girouette. Qui sait si on ne me traitera pas de renégat? Qu'y puis-je? L'homme que voilà m'a ouvert les yeux. Il m'a prouvé que je m'étais trompé. Il faut bien que je le déclare. C'est un peu plus tôt que je ne le supposais, voilà tout.

» Je m'étais surtout refusé à admettre les théories nouvelles, pour la raison que voici et que je tâcherai d'exposer aussi clairement que possible. On sait que nous divisons les choses de la nature en deux règnes, l'organique, comprenant les animaux et les végétaux, et l'inorganique comprenant les minéraux, les métaux — d'un côté ce qui vit, de l'autre ce qui ne vit pas. Pour moi, cette scission fondamentale était restée le principe même de la science : c'était, à mes yeux, l'argument décisif contre des théories qui ont pour but de prouver l'unité de création, la série de descendance des choses et des êtres.

» Un jour, il y a de cela deux ans, M. Bidard vint me trouver, avec une lettre de recommandation d'un de mes confrères, lettre un peu ironique, je dois le dire, et dans laquelle perçait une défiance mal dissimulée de la lucidité mentale du protégé. Pourquoi M. Bidard venait-il à moi qu'il savait l'adversaire acharné des théories qu'il défendait? Je le lui demandai. Il me répondit que c'était cette raison même qui l'avait décidé. Il était sûr de lui et voulait être combattu à outrance, pour que sa victoire fût plus complète. Tout d'abord je fus quelque peu choqué de cette outrecuidance; mais en même temps je constatai avec surprise que je me trouvais en présence d'une des intelligences les plus largement ouvertes et les plus synthétiques à la fois, d'une des facultés de travail et d'exposition les plus extraordinaires que j'eusse jamais rencontrées.

» M. Bidard me jetait tout simplement cette déclaration qui était pour moi la pire des hérésies : « Il n'y a rien d'inorganique dans la nature. Tout vit, tout naît, tout souffre, tout se développe, tout évolue, tout meurt... l'animal, le végétal... aussi bien que le minéral. »

» Sentez-vous tout ce que cette affirmation avait d'inouï, de stupéfiant, que dirais-je? d'insultant pour moi? Et pourtant je fus saisi par le démon de la curiosité et aussi par le désir de mettre à néant les arguments de cet ennemi nouveau dont je sentais la force.

» Eh bien! Messieurs, c'est moi qui ai été vaincu, mais à quel prix? Pendant deux ans, M. Bidard est venu quatre ou cinq fois par semaine passer avec moi plusieurs heures de nuit. Pourquoi la nuit? Uniquement parce qu'à mon âge il se produit dans l'entendement des phénomènes singuliers. Je dors de huit heures à minuit, et à cette heure, je me réveille, l'esprit plus lucide, plus scientifiquement audacieux. Et puis — aveu qui me coûte — sentant mes vieilles convictions s'ébranler, sentant s'effondrer sous moi l'échafaudage lentement élevé pendant toute ma vie, j'étais lâche et je voulais travailler à l'insu de tout le monde... Enfin, et ici je courbe la tête et me frappe la poitrine, j'avais exigé de M. Bidard — je ne dis pas le serment — mais la promesse de ne dénoncer notre collaboration qu'au jour et à l'heure où je l'y autoriserais. Le malheureux grand homme a tenu sa parole. Vous l'avez entendu refuser de me nommer; il eût peut-être marché à l'échafaud, res-

8.

tant muet pour qu'un vieux fou comme moi n'eût pas le très secondaire ennui d'avouer sa conversion à des idées qu'il a si longtemps combattues...

» Si donc il y a ici un homme devant lequel tous doivent s'incliner, c'est celui-là, que je vois sur le banc d'infamie, ce savant en qui il y a un homme d'honneur et un héros de probité ! »

Disant cela, M. Feuillade avait étendu la main vers M. Bidard qui rougissait comme une jeune fille.

Des acclamations avaient jailli de tous les côtés de la salle : le jury, les avocats — jusqu'au procureur général — tous, saisis par la contagion de l'enthousiasme, s'étaient levés. On s'était jeté vers Bidard dont cent mains serraient les mains, ce qui ne laissait pas que d'embarrasser les bons gardes, qui regardaient fixement le président, attendant un ordre qui ne venait pas.

M. Feuillade était entouré, applaudi et, aussi, mis littéralement à la question. Qu'était-ce donc que cette histoire de pierres qui vivent ? M. de Sampayre, le président, qui était connu par des travaux de psychologie, brûlait du désir d'en connaître plus long ; n'y pouvant résister, il ramena le silence et, très nettement, pria M. Feuillade de fournir quelques explications sommaires sur sa découverte :

— « Sur la découverte de M. Bidard, rectifia doucement M. Feuillade. Je ne fais pas de fausse modestie. Il était chef de laboratoire et j'étais son très modeste et parfois très maladroit préparateur. Sa découverte, c'est la démonstration d'un aphorisme de Cardan, cet admirable fou du seizième siècle, aphorisme que nous ne considérions que comme un boutade d'alchimiste : « Le minéral vit, souffre et meurt. » Eh bien! le fait est vrai. Le minéral n'est qu'un animal ou une agrégation d'animaux dont l'immobilité et l'impassibilité ne sont qu'apparentes. Il y a non seulement une biologie, mais une physiologie et une pathologie minérales. Le cristal est un individu dont les blessures se cicatrisent, qu'on soigne et qu'on guérit : il y a des microlithes qui sont au minéral ce que le microbe est à l'animal. Il y a guerre entre les minéraux, et comme le disait Sainte-Claire-Deville : « Les gros cristaux mangent les petits. Il y a des monstres minéraux. Il y a des minéraux que tue l'exil (1). »

» Voilà ce que M. Bidard a découvert. Les preuves sont convaincantes. Pas d'hypothèses, des faits. La nature est une dans ses manifestations, c'est une chaîne sans fin, merveilleuse, et dont la perfection contraint les plus sceptiques à admirer plus encore la force motrice qui anime les mondes. »

M. Feuillade parla quelque temps encore, reportant tout l'honneur de ces découvertes à M. Bidard dont les travaux doivent être bientôt publiés, et pour lequel le centenaire se faisait fort d'obtenir la survivance de sa chaire de minéralogie.

Le procureur général, invité par le président à prendre la parole, fit en termes concis pleine réparation à l'infortuné savant. Il fit plus qu'abandonner, il rétracta

---

(1) Voir les travaux de MM. Thoulet, professeur à la Faculté des Sciences de Nancy, de MM. Marco Pilo, Monnier, Vogt, etc.

l'accusation portée contre lui, et le tribunal prononça sa mise en liberté immédiate.

On vit un spectacle touchant. Orliac vint lui-même, donnant le bras à Mme Bidard, au-devant de l'innocent qu'il embrassa, disant hautement combien il était heureux d'avoir contribué pour une faible part à la découverte de la vérité.

Bidard vint se jeter dans les bras de M. Feuillade. Allégresse générale. Tableau ! comme disent les manuscrits dramatiques.

. . . .

— Très joli ! disait en descendant les marches du Palais de Justice Fiévet, le principal reporter du *Nouvelliste*, mais avec tout cela on s'embrasse... c'est fort bien ! mais le crime !... et l'assassin !..

— Bah ! répliqua un autre. Affaire classée. Une de plus !

— Décidément la police est une belle chose !...

— Monsieur Lecoq est mort ! mort aussi monsieur Jackal !

— Et mort le Dupin d'Edgar Poë.

— Tiens ! fit Fiévet, vous me rappelez l'intervention si inattendue de Maurice Parent.., un ressuscité...

— Qu'est-ce donc que ce Maurice Parent ? demanda un jeune.

— Un personnage assez singulier. Pas un excentrique pourtant. Un chercheur de petites bêtes, un *devineur* de rébus qui ne fait pas trop mauvaise figure auprès de Dupin et qui a attaché son nom à des affaires (1) qui valent

(1) Voir *Histoires incroyables, Le Clou, La Chambre d'Hôtel*.

presque la *Lettre volée* ou *l'Assassinat de la rue Morgue*. Je ne m'attendais guère, je l'avoue, à le voir paraître en celle-ci. Et tenez, le voilà.

Fiévet appela l'homme qu'il désignait de la main. Maurice Parent avait alors quarante ans et commençait à prendre un léger embonpoint. Depuis longtemps, on n'entendait plus parler de lui. Cependant on savait qu'il avait passé plusieurs mois à Nancy, étudiant avec M. Bernheim les mystères de la suggestion.

A la voix de Fiévet, il avait levé la tête et s'était dirigé vers le groupe des journalistes. On échangea des poignées de main, puis Fiévet lui demanda à brûle-pourpoint :

— Là, entre nous, quel est l'assassin d'Orliac ?

Maurice se mit à rire :

— C'est comme nécromancien que vous m'appelez ?

— Puisque tout le monde a échoué, il n'y a plus de recours qu'en vous.

— C'est très flatteur pour moi, mais je n'exerce plus.

— Allons donc ! s'écria Mariétal, l'auteur dramatique qui ne manque pas un procès célèbre, recueillant des notes pour ses comédies à l'emporte-pièce, avec cela que vous vous désintéressez si fort que ça ? N'est-ce pas vous qui avez sauvé ce brave Bidard ?

— C'est, ma foi, vrai ! dit Fiévet. Vous avez déniché Feuillade.

— Avouez que ce n'était pas très difficile...

— Hum ! vous en parlez bien à votre aise !

— Voyons, fit Parent en passant son bras sous celui de Fiévet, raisonnons. La police a cherché le commissionnaire, l'armurier... Pourquoi n'a-t-elle pas cherché le savant..

— C'est l'affaire de l'accusé...

— C'est-à-dire que la vérité n'est point admise comme supérieure à toutes considérations. Est-ce donc ainsi que devrait agir la justice? Sa stricte mission est de découvrir la vérité, toute la vérité, et elle doit la rechercher dans tous les sens aussi bien pour que contre l'accusation. Mais ce sont là des idées qu'il serait impossible de faire entrer dans la tête d'un juge instructeur. Parmi les dires de l'accusé, on ne contrôle que ceux qui peuvent augmenter les présomptions de culpabilité, jamais ceux qui serviraient à établir son innocence. Cette fois, on a nié le savant. C'était plus simple. On n'admet pas que l'accusé puisse avoir, pour se taire, une raison plus forte que son intérêt; et cependant l'affaire nous a donné une preuve indéniable que cette étrangeté — comme toutes les étrangetés — est possible. Moi — qui n'appartiens ni à la police ni à la justice — je me suis dit que peut-être Bidard disait la vérité. Sur cette simple donnée j'ai agi, j'ai interrogé, fureté et j'ai trouvé Feuillade. Je vous jure que ce n'était pas difficile et qu'il ne fallait qu'un peu de persévérance... et une voiture à l'heure.

— Mais quel intérêt aviez-vous à prendre tant de peine?

— Supposez, s'il vous plaît, que j'aie voulu me donner tout simplement le très amusant spectacle auquel nous avons assisté. N'avez-vous pas trouvé charmante l'attitude de ces hauts justiciers oubliant instantanément que, depuis trois mois, ils ont torturé un homme qu'ils n'ont jamais vu... c'est fort comique ! Et puis, qui sait, j'avais encore une autre raison.

— Laquelle ?

— Oh ! celle-là... peut-être ne la dirai-je jamais.

— Bon ! il vient de vous passer dans les yeux un éclair que je reconnais. Vous n'avez pas dit sur l'affaire votre dernier mot... Voyons, un bon mouvement. Il faut parler...

— J'ai une voiture, s'empressa d'ajouter Mariétal, je puis vous mener tous deux au boulevard.

— Soit, dit Maurice en riant. Voici la première fois que mon prétendu talent de sorcier me rapportera quelque chose.

— Il fait la coquette, dit Fiévet à l'oreille de Mariétal.

Un instant après, les trois hommes montaient en voiture.

Maurice Parent ne paraissait point si impatient de parler que Fiévet l'avait supposé. Plongé dans ses réflexions, il s'était accoté au fond de la voiture, les yeux à demi fermés.

La curiosité aidant, on s'abstint de le troubler : mais tout doucement et sans qu'il semblât s'en apercevoir, on le conduisit à une table du café Riche, assez isolée pour qu'on pût causer sans crainte des importuns.

Maurice obéissait avec une docilité exemplaire : il y avait peut-être au coin de sa lèvre un peu d'ironie ; et quand les consommations furent servies, il releva vers ses amis ses yeux au regard aigu et leur dit simplement :

— J'attends.

— Ma foi, dit Fiévet en riant, il est bon d'être franc quand on ne peut pas faire autrement. Expliquons-nous. Maurice, vous n'êtes pas un flâneur ordinaire. Si vous vous êtes mêlé de cette affaire, si vous êtes intervenu au procès du très heureux Bidard (en voilà une réclame!), ce n'était point pour l'unique plaisir de rendre à la société ce crâne en œuf d'autruche. Vous suivez une idée comme d'autres suivent une femme, et vous vous laissez entraîner jusqu'à ce que vous connaissiez les dessous. En un mot, vous épousez l'affaire Orliac pour lui faire un enfant. Montrez-nous le bébé, que nous en soyons les parrains...

— Le mariage, comme vous dites, est peut-être trop récent.

— Mais il y a des symptômes de naissance prochaine...

— Sur mon honneur, je n'en sais rien.

— Vous aviez deviné que Bidard était innocent...

— Deviné, non. L'accusation ne tenait pas debout, et je n'ai eu à cela d'autre mérite que l'impartialité.

— Au fait, je l'admets volontiers. Mais une question s'impose. Vis-à-vis de tout autre, elle semblerait irrespectueuse. Mais à vous, elle est toute naturelle. Quel est l'assassin d'Orliac et de sa femme?

— Si je le connaissais, me conseilleriez-vous de le dénoncer?

— Certes. Laisser un assassin dans la circulation, c'est risquer la vie d'autrui.

— C'est possible, fit Maurice. Mais parlons sérieusement. Je ne nierai pas que je cherche. Il est dans ma nature de m'attacher à ces problèmes, comme d'autres ont la passion de l'absinthe ou de l'opium. Mais désir n'est pas toujours réalité. Je ne sais pas *encore* la vérité.

— Mais vous la saurez...

— A moins que dès le premier pas je n'aie fait fausse route...

— Vous avez une hypothèse?

— J'ai surtout un point de départ. Et tenez, je vais vous le donner. Après quoi vous serez aussi savant que moi et vous pourrez, s'il vous convient, arriver aussi vite au but... il ne me plaît pas, d'ailleurs, de jouer à l'oracle. De plus, je ne me pose pas en redresseur de torts. J'ai cru devoir aider au salut du pauvre Bidard. Voilà tout. Quant à châtier un assassin, ceci regarde la justice... ou le criminel lui-même...

— Croyez-vous qu'il se dénoncera, qu'il se condamnera...?

— Qui sait? mais j'en reviens au point de départ dont je vous parlais. Il est multiple. En vérité, ce qui me paraîtra toujours singulier, c'est la légèreté avec laquelle on étudie ces sortes d'affaires, la facilité avec laquelle on néglige des observations fort simples, et qui cependant peuvent être concluantes...

— Voyons cela.

Maurice était un peu pâle, en proie à ce « démon de la recherche » que Fiévet avait diagnostiqué en lui.

— Bidard, reprit-il, qui est un esprit mathématique, a fait deux observations ingénieuses auxquelles le Tribunal n'a rien compris. D'abord, il a fait remarquer combien il était étrange que l'assassin eût abandonné le revolver qu'il tenait à la main, quand il avait frappé Orliac, et qu'il eût emporté le marteau *qu'il ne pouvait plus avoir à la main*. Il y a là une bizarrerie peu explicable. Qu'en pensez-vous?

— Il aura ramassé le marteau...

— A quoi bon ? Ce marteau ne lui appartenait pas, il l'avait pris dans la maison... il ne pouvait pas le compromettre...

— Je supposerais, dit Mariétal, que l'assassin, ayant perdu la tête, l'a ramassé machinalement...

— C'est-à-dire que vous écartez tout ce qui vous gêne par des hypothèses plus ou moins justifiables. C'est ainsi encore que vous avez rejeté le double témoignage du marinier et du gardien de la Morgue, fixant à la soirée du 19 — avant le crime — la découverte des vêtements que, d'après l'accusation, l'assassin aurait portés dans la nuit du 20. Ces deux hommes étaient ivres, c'est bientôt dit. Mais comment se fait-il alors que, sur le registre de la Morgue, le dépôt des vêtements indiqué à la date du 19 soit suivi d'une autre indication portant remise d'effets, le 20, à huit heures du matin? Ou cette seconde notation est également fausse, ou la première est vraie. Mon raisonnement est-il attaquable ?

— En aucune façon. Mais les conclusions ?

— Ah ! voilà bien votre impatience ordinaire. Je n'ai parlé encore que de ce qui a été révélé au cours du procès. Voici autre chose. Vous reconnaissez maintenant que Bidard est un honnête homme ?

— Certes. Le moyen d'en douter !

— Oh ! je n'en doute pas. Je tiens à constater seulement qu'il vous paraît incapable d'un mensonge...

— C'est entendu.

— Alors, vous devez ajouter foi à sa déclaration quand il vous dit qu'il a trouvé l'enveloppe et les obligations devant le square de la Trinité...

— Je ne vois aucune raison pour ne pas le croire....

— Bien. Où demeurait ce M. Orliac ?

— Au numéro 26 de la rue Blanche.

— Les numéros vont en montant vers Montmartre. Le marteau a été trouvé devant le n° 30, c'est-à-dire que l'assassin, sortant de l'hôtel, aurait gravi la rue et aurait alors jeté le marteau... Mais alors comment se pourrait-il faire qu'il eût perdu les obligations sur la place de la Trinité, à laquelle on n'arrive du n° 26 qu'en descendant la rue Blanche ?..

Il y eut un cri de surprise. En fait, personne n'avait songé à cela.

— C'est qu'il sera revenu sur ses pas, dit Marlétal.

— En supposant toujours que cet assassin, qui a si bien combiné l'affaire, ait eu la tête perdue. Donc il aurait monté la rue pour jeter le marteau et il l'aurait descendue pour perdre les obligations. Avouez que, pour concilier ces contradictions, il faut une rude dose de bonne volonté...

— Mais... il y avait peut-être deux assassins.

— Orliac n'en a vu qu'un — un seul, dans la chambre de sa femme — le même se jetant sur lui et essayant de lui brûler la cervelle...

— Où voulez-vous en venir ?..

— Qui vous dit que je veuille quelque chose ? Je vous ai posé trois points. Les vêtements retrouvés n'étaient pas portés par l'assassin dans la nuit du crime, car ils avaient été jetés à la Seine auparavant. Il est étrange que l'assassin ait abandonné le revolver et jeté le marteau, à moins qu'il n'ait été forcé d'agir ainsi...

— Pourquoi ?

— Par une cause à trouver. Enfin, il est invraisemblable que les obligations aient été jetées après le crime place de la Trinité, tandis que le marteau avait été délaissé rue Blanche, dans une autre direction...

— Mon cher ami, dit Fiévet, tout cela peut être aussi logique que possible. Mais pour nous, ces détails paraissent bien insignifiants. Nous en revenons toujours au fait. Mme Orliac a été assassinée, Orliac n'a échappé à la mort que par miracle, voilà l'important. Il s'agit de trouver l'assassin et j'avoue que vos dissertations — fort ingénieuses — ne nous fournissent aucun indice.

— Et je vous jure que je n'en ai point d'autre.

— Vous trouverez !

— Je cherche, et là-dessus pardonnez-moi de vous quitter, mais je dîne chez la comtesse Wasiniska, et j'ai à peine le temps de m'habiller.

En somme, les deux amis étaient fort désappointés, impression que Fiévet traduisit en disant à l'oreille de Mariétal :

— Décidément, il baisse.

— Je l'ai toujours jugé un peu poseur, répliqua l'auteur dramatique.

Ils serrèrent avec effusion les mains de Maurice Parent et chacun tira de son côté.

Le temps passa.

L'attention publique, attirée par les actualités que le hasard réserve aux journaux pour entretenir leur vogue, s'était, on le comprend, absolument détournée de l'affaire Orliac.

A peine si, de mois en mois, un reporter glissait quelque allusion désagréable au service de la sûreté, visant le crime de la rue Blanche dans la nomenclature des mystères impénétrés.

Cependant, deux mois après le procès Bidard, les échotiers avaient annoncé qu'Orliac, complètement rétabli, allait épouser la comtesse Wasiniska, trois fois millionnaire et dont l'hôtel, rue Vélasquez, était une merveille de luxe et de goût. Une chronique toute entière avait été consacrée à cette étrangère — plus Parisienne que les Parisiennes — dont le charme, l'élégance et aussi l'inépuisable charité tendaient à devenir légendaires.

Quant à Orliac, chacun le félicitait, non sans quelque envie. C'était là une flatterie qui devait être douce à son amour-propre. Le sort ne lui devait-il pas d'ailleurs une compensation, après les horribles épreuves qu'il avait traversées ? N'avait-il pas failli devenir aveugle et, un instant, sa raison même n'avait-elle pas couru de véritables dangers?

Il eut à ce moment un gros regain de popularité. On annonça de tous côtés qu'il préparait une œuvre inédite sous ce titre original :

— *Mon dernier Roman.*

— Cela fera pendant à *Mon premier Crime*, de Macé, avait dit quelqu'un.

De fait, le *Nouvelliste*, à l'affût de tout ce qui pouvait intéresser ses lecteurs, annonça bientôt le roman dans une belle vedette de première page. On sut qu'une prime importante avait été payée. Le roman devait paraître au plus tard dans deux mois, après l'achèvement du feuilleton en cours.

Orliac recommençait à se montrer toujours élégant, cependant un peu raidi dans sa mise soignée, n'ayant plus cette désinvolture alerte qui lui donnait des allures militaires.

On le trouvait affaissé. Les paupières clignaient un peu. Il évitait les causeries, se contentant le plus souvent de saluer de la main ses anciens camarades. Bah! cela s'expliquait par l'éternelle mobilité de la nature humaine. A la veille de devenir une sorte de grand seigneur, il se débarrassait de tout ce qui, dans son bagage d'antan, sentait peu ou prou le bohème.

On attendait son mariage pour le juger définitivement. Il semblait même que ce mariage tardât beaucoup. Il y avait maintenant plus d'une année qu'il était veuf, et, se perdant au lointain, le drame de la rue Blanche n'apparaissait plus que comme un vieux souvenir.

De plus, le manuscrit, du moins les premiers feuilletons du roman annoncé n'arrivaient pas au journal. Guersaint, le directeur du *Nouvelliste*, commençait à s'impatienter. Qu'il écrivît ses feuilletons au jour le jour, passe encore, quoique la méthode soit dangereuse. Mais encore fallait-il qu'il donnât pâture pour les premiers numéros. Billets sur billets lui étaient adressés. Il répondait : « Soyez tranquille, je serai prêt. »

Tranquille ! Tranquille ! c'est facile à dire. Mais quand on doit faire une grande machine comme le *Nouvelliste*, on ne peut pas tabler sur des brouillards. Après tout, on le payait fort cher. On avait déjà dépensé beaucoup en publicité. Il est vrai qu'on avait compté sur le mariage pour donner au lancement un ragoût nouveau. Rien n'aboutissait. Il fallait en finir, d'autant que le roman en cours, allongé sur demande, devenait littéralement assommant — bien écrit, soit — mais as-som-mant.

Un jour, Guersaint entra comme une trombe à la rédaction :

— Mes enfants, cria-t-il, nous sommes f...ichus ! Orliac est gâteux. Je viens de chez lui. La balle qu'il a reçue dans le nez a fait des petits. Il en a toute une nichée dans le cerveau. Il est presque aveugle. Il ne pourra pas écrire une ligne du roman, et il faut commencer dans huit jours. Je l'ai vu... il est très réussi ! Il n'a plus l'air de rien comprendre. Ou plutôt on dirait qu'il comprend trop, qu'il voit des choses que les autres ne voient pas. Sa blessure du front fait l'effet d'un trou profond, par lequel un œil vous regarde. Sa cervelle s'en va, elle filtre, c'est clair. Enfin, tout ça ne me regarde pas. Les affaires avant tout... Savez-vous le bouquet ? plus de mariage ! rasé ! la comtesse Machinska a mis son hôtel en vente et a filé pour l'Italie. Une débâcle ! Un homme à la mer ! Et le roman ! Je lui ai dit : « Mon petit, tu te décaves, c'est un fait. Mais tu ne peux pas me faire faux bond. Et l'abonné ! misérable !

le sublime et doux abonné ! Flûte ! Comme si j'avais parlé à un sénateur ! Alors, je me suis fichu en colère... et les avances ! et la publicité ! il remuait la tête comme ça... un magot ! « As-tu un scénario, au moins ? » ai-je demandé. A cette question-là, il a eu un drôle d'air, un sourire à faire claquer les os, et il m'a répondu : « Oui, il y en a un, c'est Maurice Parent qui l'a. »

— Maurice Parent ! cria Fiévet.

— N'interromps donc pas, c'est palpitant ! Du reste, j'ai dit la même chose : « Maurice Parent ! » — « Oui, oui, a repris Orliac, demande-le lui. Qu'on fasse le roman sur son scénario... sur notre scénario... » Et il a ajouté en ricanant (il était vilain !) : « C'est bien moi qui lui ai donné le sujet ! » — « Mais ta signature ! » — « Attends ! » Il m'a fait signe d'approcher de lui une petite table et s'est mis à écrire. Il a relevé la tête pour me dire : « Ma main tremble... maintenant ! » Et il a écrit une autorisation de publier sous son nom le roman d'après le scénario de Maurice Parent. Il a signé. Voilà le papier. Il ne s'agit plus que de trouver Maurice Parent. Quant à savoir tout ce que cela veut dire, que plus malin que moi le déchiffre !

— Mais alors nous sommes sauvés !

— Jamais ! je ne crois pas à cette histoire fantastique. Parent n'a rien, il n'y a pas de scénario, il n'y a pas de *Mon dernier roman*, et nous sommes dans la pommade jusqu'au cou ! Qui sait d'abord où nous dénicherons Parent ?...

— Quelle heure est-il ?

— Trois heures et demie.

— Tous les jours, depuis une semaine, Maurice, contre son habitude, vient à quatre heures s'installer chez Tortoni... et même hier il m'a dit en riant — encore un qui rit pâle — que si j'avais besoin de lui, je le trouverais là, à la même heure.

— Va le chercher... attends-le; s'il ne vient pas, crève tous les chevaux de l'Urbaine, pulvérise tous les chapeaux blancs ! il me le faut ! J'ai dit...

Et là-dessus, avec un geste gamin, Guersaint rentra dans son cabinet dont il fit claquer la porte avec fureur.

— Parent n'a jamais fait de roman, dit l'un.

— Si seulement il y a une idée dans son scénario, on le lui fera.

Fiévet prit son chapeau.

— C'est tout de même un bon truc pour faire passer un curs, murmura t-il.

A quatre heures précises, Maurice Parent entrait chez Tortoni.

Fiévet l'y attendait impatiemment. En deux mots, il le mit au courant de ce qui se passait.

— Tout ça, c'est de la blague, n'est ce-pas ? lui demanda Fiévet.

— Vous vous trompez, répliqua Maurice, c'est très sérieux (et après une pause, il répéta) : très sérieux.

— Alors, il y a un scénario ?

— Oui.

— Qu'Orliac connaît ?

— Je suis allé le lui proposer il y a huit jours...

— Il l'a accepté ?

9.

— Il ne pouvait pas le refuser.

— Toujours sphyngesque ! fit Fiévet qui raillait du bout des lèvres. Enfin voici. Guersaint est allé chez Orliac qui vous a indiqué comme l'auteur d'un scénario très intéressant. Entre nous, je suppose qu'il n'y a guère collaboré.

— C'est une erreur... tout lui appartient...

— Soit ! Enfin, si la chose empoigne Guersaint, c'est affaire faite... vous voilà romancier d'emblée... et au *Nouvelliste* encore ! Enlevons !

Maurice réfléchit un instant.

— Guersaint a bien en main l'autorisation d'Orliac ?

— Il l'a...

— Alors je vous suis... il est bon que cela arrive quelquefois...

— Cela... quoi ?

— Pardon. Je me parle à moi-même, vous savez, c'est une mauvaise habitude chez moi. Encore un mot, il faut que j'envoie chez Orliac et que je lui fasse remettre un billet... vous permettez ?

— Faites donc !

Maurice écrivit cette seule ligne :

— Je livrerai le scénario à cinq heures.

Puis il cacheta et confia le billet au chasseur, avec ordre de le porter immédiatement chez Orliac.

— Pas de réponse ? lui demanda le groom.

— Je ne crois pas. En tout cas, demandez, et si l'on vous en remet une, vous me l'apporterez au *Nouvelliste*.

Fiévet et Maurice quittèrent le boulevard. Chemin faisant, ils rencontrèrent Mariétal qui, mis au fait, ne les lâcha plus... Un scénario ! il y avait peut-être une pièce là-dedans.

Ils entrèrent dans le cabinet de Guersaint qui était en train de « mâcher de la besogne » à un débutant, lui criant :

— Si tu as quelque chose dans le ventre, ça va !... sinon, bonsoir !

Il connaissait Maurice de longue date. Il lui serra la main, puis, arrivant promptement au sujet qui l'intéressait :

— Le scénario ! vite !

— Le voici, dit Maurice en tirant de sa poche un mince cahier.

— Eh bien ! lisez-nous ça...

— Est-ce que je suis de trop? demanda Mariétal.

— Non pas... deux avis valent mieux qu'un... trois même... reste, Fiévet. Et écoutons ça... pas d'observations, n'interrompons pas. Si ça nous embête, tant pis. Il faut aller jusqu'au bout pour savoir si ça peut se retaper.

— Un instant, dit Maurice. Je crois devoir vous avertir tout d'abord que vous ne publierez pas ce roman...

— Qu'est-ce que vous en savez? C'est donc idiot ? Alors, merci, nous en sortons !

— C'est fort intéressant... mais vous ne le publierez pas...

— Encore une fois, pourquoi?

— Parce que vous êtes un galant homme...

Guersaint, recevant le mot en pleine figure, s'ébroua, toussa et dit :

— Pas de brutalités ! allez-y de votre scénario... je ne comprends rien à toutes vos histoires, mais je veux savoir le fin mot...

— Encore un moment, dit Maurice. J'attends une réponse...

Guersaint allait s'impatienter pour tout de bon. On frappa à la porte. Le groom rapportait le billet de Maurice, tout ouvert, et sur lequel Orliac avait écrit au crayon ce seul mot :

— Allez !

— Je suis à vos ordres maintenant, dit Maurice avec un léger tremblement dans la voix. Je prie, comme l'a demandé Guersaint, qu'on ne m'interrompe pas. Il y a là-dedans un caractère qui veut être expliqué un peu longuement : si jamais on eût fait de cela un roman, l'art de l'écrivain eût été de mettre en scène ce que je ne puis qu'indiquer.

— Mais allez donc ! s'écria Guersaint avec un juron.

— Voici. Le principal personnage se nomme... nous l'appellerons Pierre Janet. Il est né en province, à la campagne, d'un père brutal qui lui a donné plus de coups que de morceaux de pain. La mère morte, on l'a envoyé aux champs. Il était chétif, la tête trop grosse pour son âge, rêvasseur et inactif. Le travail manuel lui faisait horreur.

« Le père Janet, qui n'aimait pas les valeurs improductives, avait jugé qu'à l'école ce n'était que temps perdu. Pourtant le petit avait appris à lire et à écrire, aussi un peu — mais très peu — à compter. On l'avait repris bien vite pour l'envoyer paître les vaches. Aux jours de moisson et de vendange, il fallait qu'il fit sa partie comme les autres. Cela le tuait, mais s'il montrait sa lassitude, le père cognait, et, par crainte, le petit se soumettait, en pleurant des larmes de rage.

« Ainsi jusqu'à seize ans. Quand il eut cet âge, le père mourut. On le croyait riche. Ce n'était qu'un de ces tartufes d'argent comme on en rencontre à la campagne : il avait toujours son « quant à soi » et son avarice n'était que le masque de sa misère décente. Tous ses biens étaient hypothéqués au-dessus de leur valeur. Il ne laissait rien à son fils.

« Je me trompe. Il lui laissait la liberté.

« Le petit en profita pour s'engager. Il avait vu passer des soldats dans le village. Cet éblouissement des uniformes était le seul souvenir heureux de sa vie. Il avait grandi et pris de la force. Il choisit la cavalerie. Ici une description de la vie militaire. Pierre est entêté, insubordonné, brutal. Entre lui et ses supérieurs, c'est une lutte dans laquelle il est vaincu. Son caractère se forme, prend du relief. Il comprend toutes les puissances de l'hypocrisie. Six mois après son entrée au régiment, c'est un cavalier modèle. Au dedans, des fureurs blanches. Il rêve d'assassiner son capitaine et lui sauve la vie dans une manœuvre. Le voilà classé parmi les bons. Au bout de cinq ans, il est fourrier. Jusque-là, il n'a pas vécu. Le monde lui apparaît comme un Éden fermé dont la clef est d'or. Et il n'a pas d'or.

Il vole la caisse du régiment. Il est perdu. Une femme le sauve.

« Bonne femme, demi-bourgeoise, plus âgée que lui. Elle a 35 ans, il en a 22. Elle adore ce grand garçon qui est encore resté paysan. Elle se plaît à cette œuvre de pseudo-maternité qui est l'illusion de tant d'amours féminines. Elle est mariée, mais son mari l'a abandonnée. Elle n'a pas d'enfant. Pierre devient à la fois son amant et son enfant. Elle le décrasse, elle l'instruit. Lui se laisse faire. Pour la première fois de sa vie, il se sent enveloppé d'une atmosphère tiède de bonheur doux et de complaisances câlines. Il lui plaît d'être bercé dans ces bras potelés qui n'ont pas la gracilité des vingt ans, mais qui n'en sont que plus moelleux sous sa tête.

« La femme est romanesque et non sans quelques velléités de bas-bleuisme. Elle découvre en Pierre une intelligence réelle, une netteté de conception très remarquable et peu à peu elle voit se développer en lui une rare faculté d'improvisation. Elle envoie quelques manuscrits de son amant au journal local qui les insère. Un article a même du succès. Voici une voie toute trouvée. Pierre sera bientôt libre, il jettera ses galons aux orties et viendra à Paris avec sa maîtresse. Là elle le guidera, le pilotera. Elle fait miroiter devant ses yeux tout un avenir de gloire. L'illettré d'hier se met au travail avec acharnement. Il est pauvre. Qu'importe ? N'a-t-elle point quelques milles livres de rente ? Ce qui est à elle n'est-il pas à lui ? Éternel argument qui a eu raison de bien des scrupules. Quoi de plus naturel, d'ailleurs? Il l'aime, elle l'adore. Ah! si elle était libre! Elle ne veut pas que Pierre lui parle de cela. N'est-elle pas beaucoup plus âgée que lui? presque vieille déjà, quand il est, lui, en pleine vitalité! Guerre de mots dans lesquels il y a d'avance une vaincue.

« Pierre quitte le service avec d'excellentes notes. On le regrette au régiment. Quelques-uns ricanent bien derrière le dos de « l'amant de la vieille », mais c'est tout. Les voilà à Paris. Maintenant Pierre est armé pour la lutte. C'est un gars actif, vigoureux, décidé à tout pour parvenir. Les débuts sont durs. Les journalistes et les romanciers serrent les coudes, et les nouveaux venus ont tort. Mais elle est là qui l'encourage; qui, avec un flair merveilleux, lui indique les portes où il faut frapper. Le voilà chroniqueur d'un journal secondaire, mais qui fait ses frais. S'il pouvait l'acheter! Bah! avec une vingtaine de mille francs, la chose est faisable. Mais vingt mille francs!... Est-ce qu'elle ne les a pas? Il lui rendra cela, plus tard, quand il aura fait fortune avec sa plume. Il se laisse fléchir. Le voilà rédacteur en chef.

« Une campagne heureuse met le journal en vedette. Il publie là son premier roman qui est remarqué. On lui en commande un ailleurs, dans les prix doux, il est vrai. Mais c'est le pied à l'étrier. Seulement, il ne s'occupe plus guère de son journal qui lui paraît indigne de lui, et qui sombre... laissant derrière lui quelques créanciers... qu'elle désintéresse.

« Il y a vingt-huit ans, elle en a quarante.

« Mais dans ce milieu parisien, elle a gagné en beauté.

On la regarde aux premières. On dit la belle Mme Janet. Du mensonge à la vérité, il n'y a qu'un obstacle, le mari. On apprend sa mort. Pierre impose sa volonté à la pauvre femme qui le trouve magnanime. Le mariage a lieu.

« Les bonnes actions étant toujours récompensées, le succès venait à Pierre Janet avec une rapidité foudroyante. Il avait conquis son public. Ses romans n'étaient pas d'une originalité réelle, mais on y trouvait une étrange préoccupation de l'indéchiffrable. Au début, il se plaisait à poser un problème insoluble en apparence. Puis, lentement, avec une extrême dextérité de main, il écartait un à un tous les obstacles. Le lecteur suivait ce jeu avec l'attention qu'il met à une partie d'échecs. C'était de l'Edgar Poë écrit par un faiseur. Mais cela plaisait. Une seule objection : on voyait la mécanique, mais on cherchait en vain le cœur.

« Quoi qu'il en fût, il devenait riche et s'était lancé dans le haut demi-monde, dans la cohue des premières, des courses, des cercles. Il taillait galamment et était à la mode.

« Que devenait sa femme ? Comme disait Sieyès, elle vivait... mais elle vieillissait. Elle atteignait, elle allait dépasser la cinquantaine. Les premières infirmités venaient, car elle s'était dépensée trop vite en cette passion dans laquelle elle avait tout donné. Elle devenait bouffie, plissée, laide. De plus, elle était lasse. Elle voulait le foyer calme des quinquagénaires, tandis qu'il se lançait vaillamment dans les excursions fantaisistes de la maturité masculine. Elle souffrait, tout en jouissant encore de ses succès.

« Il était froid, restait poli. Au dedans il s'exaspérait et haïssait. Il cachait cette femme comme son vice. S'il eût été libre, quel mariage il aurait pu faire! Ce boulet l'entraînait au fond d'un abîme de regrets furieux. Voici qu'un certain jour, en un procès de cour d'assises, le hasard le place auprès d'une femme adorable, une étrangère. Il cause, il plaît. La femme est séduisante, comme savent l'être les exotiques, spirituelle et provocante. Il croit avoir bon marché de ce qu'il suppose être une demi-vertu. Point. La dame, avec ses allures un peu excentriques, appartient au vrai monde. Elle est veuve et n'entend point escompter un remariage. Pierre lui plaît, elle ne s'en cache pas. Mais il est marié, circonstance décisive et regrettable. Il sera reçu comme commensal, comme ami, comme confident, il y aura échange de causeries intimes, baisers aux doigts, et frôlement de cheveux, rien de plus.

« Pierre devint amoureux fou. Amour qui se trouvait d'accord avec ses secrètes ambitions. Il était riche, mais la dame était millionnaire. Il avait un peu de renommée, elle avait le charme. A eux deux, c'eût été un paradis parisien. On eût joué à l'Arsène Houssaye et organisé des redoutes.

« Pierre se dit qu'à la réalisation de ce rêve il n'y avait qu'un obstacle, la vieille qui s'acharnait à vivre.

« Il songea à la tuer. Résolution prise, il composa — pour son propre usage — un plan dans le genre de ceux que recherchaient si avidement ses lecteurs. Le but était celui-ci : se débarrasser de la créature abhorrée, non seulement en s'assurant l'impunité, mais encore en conquérant la sympathie de tous.

« Il travailla beaucoup; sur ce plan-là, les ratures seraient impossibles et il n'y aurait pas d'épreuves à revoir. Il fallait que le roman fût parfait, du premier coup.

« Toutes les combinaisons essayées lui parurent imparfaites, jusqu'à ce que surgît dans son cerveau une idée qui le fit frissonner, celle du *tout pour le tout*.

« Il fallait que l'assassin se trouvât dans une situation telle que jamais le soupçon ne pût l'atteindre ; pour cela, le moyen était périlleux, mais sûr, et il se résumait en ce thème fort curieux :

« Deux assassinés dont l'un serait l'assassin de l'autre.

« L'un des assassinés serait sa femme. Lui, l'assassin — le pseudo-assassiné — survivrait ou ne survivrait pas, là était l'effroyable risque à courir. S'il mourait, tant pis. Il ne le saurait pas, et ne le regretterait pas. S'il survivait, il était heureux.

« L'idée trouvée, il fallait soigner le détail.

« Pierre, très nourri de cette littérature énigmatique, commença par étudier le mode d'assassinat sur sa femme. Le hasard le servit à souhait. Il trouva un marteau oublié par un maçon, le mit de côté et attendit. Mais il fallait simuler sur lui-même un assassinat. Ici l'usage du marteau devenait impossible. S'assommer soi-même est impraticable. Le couteau était dangereux dans ce sens qu'à moins de se faire une égratignure insignifiante, il était à craindre que l'arme, après blessure faite, ne restât dans sa main, ce qui détruisait tout le plan. Le pistolet valait mieux. Seulement il était horriblement dangereux. Sous prétexte de péripétie romanesque, Pierre consulta un médecin et se fit expliquer exactement la structure du crâne. N'est-il pas arrivé bien souvent qu'un malheureux, voulant se suicider, s'est manqué en se tirant le coup de feu, soit dans la bouche, soit au cœur, soit à la tempe. A la bouche, on était défiguré. Au cœur, le coup à bout portant pouvait s'amortir sur les vêtements. Le mieux était de compter sur la solidité du crâne et sur l'obliquité de la direction du canon. Et puis, répétons-le, Pierre était décidé à risquer le tout pour le tout, seul moyen de trouver certainement l'impunité.

« Il fallait maintenant fabriquer de toutes pièces l'assassin qui resterait introuvable. Ici Pierre renouvela un stratagème emprunté au fameux empoisonneur Castaing. Il acheta d'un revendeur une houppelande, un vieux chapeau, des moustaches postiches, et, pendant quelques soirées, ainsi accoutré, il rôda autour de sa propre demeure, ayant soin de se faire remarquer.

« Toujours sous le même déguisement, il alla chez un armurier acheter un revolver.

« Tout étant ainsi préparé, et le jour étant fixé pour la mise à exécution de ce plan aussi ingénieux que criminel, il alla, quelques heures avant l'affaire, jeter dans la Seine la houppelande qui lui avait servi à jouer le rôdeur et l'acheteur. De là, il se rendit chez l'étrangère, causa de la façon la plus charmante et revint chez lui.

« Il lui parut utile de donner quelque aliment aux recherches de la police, et avant de rentrer chez lui, il laissa tomber sur une place une enveloppe contenant quelques modestes valeurs. Ce serait là une piste qu'on suivrait avec acharnement.

« Quelques érosions dans la serrure — détail signalé dans le livre récent d'un policier — établiraient l'usage de fausses clefs pour l'ouverture de la porte de la rue.

« Il monta chez lui, doucement, entra dans la chambre de sa femme qui dormait, brandit le marteau, du geste d'un forgeron qui frappe l'enclume, et, d'un seul coup, il creva le crâne. La mort fut instantanée.

« Le plus difficile restait à faire.

« Il songea d'abord à indiquer la direction prise par l'assassin, une fois le crime commis, et, ouvrant sa fenêtre, il lança le marteau dans la rue à toute volée. Lancé de sa main droite, le marteau tomba dans la direction remontante de la rue, ce qui indiquait une fuite vers Montmartre.

« Ensuite, il referma sa fenêtre, prit le revolver acheté par l'homme à la houppelande, se l'appliqua de biais à la racine du nez, à la jonction de l'arcade sourcilière, fit feu et tomba comme une masse.

« Ainsi qu'il l'avait prévu, l'arme qu'il avait eu soin de ne pas serrer tomba sur le parquet, ce qui écartait toute idée d'acte personnel.

« C'était le tout pour le tout. Il avait réussi... Il n'était pas mort... et il était veuf ! »

— Ainsi, s'écria Guersaint, c'est Orliac qui a assassiné sa femme !...

Les trois hommes étaient très pâles. Au contraire, Maurice avait le sang aux pommettes.

— L'ai-je nommé? reprit-il. Laissez-moi finir. « Comme l'avait prévu celui que j'appellerai encore Pierre Janet, la justice fit absolument fausse route. Son horrible blessure, la lenteur de son rétablissement, la douleur silencieuse qu'il montra de l'épouvantable mort de sa compagne, tout contribua à lui donner excellente figure aux yeux du public.

« Où il fut vraiment beau, ce fut à son premier interrogatoire. Il y avait grand danger que, dans le retour de la pensée, une imprudence lui échappât. Il en dit une seule qu'on ne comprit pas. Comme le médecin, par pitié, insinuait que sa femme n'était pas morte, il laissa échapper une affirmation violente. Ce fut tout. Il se tut, réfléchit toute la nuit, et le lendemain exposa nettement — trop nettement — la version qu'il avait longuement étudiée. Elle fut la base de toute l'instruction.

« On sait la suite, deux arrestations, un procès.

« Lors de l'affaire Bidard, quelqu'un alla le trouver et lui dit :

« — L'assassin a commis trois imprudences : la première, c'est d'avoir jeté dans la Seine, avant le crime, les vêtements qu'on a retrouvé le même soir ; la seconde c'est d'avoir perdu les obligations dans une direction et le marteau dans une autre ; la troisième... c'est de s'être frappé à la tête et d'avoir risqué pire que la mort, la folie...

« Pierre comprit et s'entremit pour sauver Bidard.

« Cependant, sauf cet incident, tout allait au mieux pour l'heureux assassin, et il fût devenu le très riche et très heureux époux de la comtesse étrangère, si l'ébranlement communiqué au cerveau n'avait déterminé en lui un commencement de cécité et des prodromes d'aliénation mentale. Il a combattu jusqu'à la dernière extrémité, mais la comtesse a deviné son état et a quitté Paris... »

— Ainsi Pierre, c'est-à-dire Orliac, savait que vous le soupçonniez ?

— Je l'ai mis, semaine par semaine, au courant de mes découvertes...

— Vous l'avez tué !

— Non... je l'ai puni... A cette heure, Orliac doit être fou à lier... je lui ai lu ce scénario il y a huit jours... et je l'ai averti que je le déposerais ce soir entre les mains d'un journaliste ou d'un magistrat.

A ce moment, un rédacteur ouvrit vivement la porte et, effaré, s'écria :

— Orliac vient, dans un accès de fièvre chaude, de se jeter par la fenêtre...

Les hommes se turent en se regardant.

— Savez-vous, dit Maurice, ce qui lui a déplu dans le scénario que je lui ai soumis ?.. c'est que je lui ai prouvé qu'il avait plagié Castaing.

— Avec tout cela, s'écria Guersaint, me voilà sans roman ! je vais être obligé de prendre une machine de X... Il faut avouer que cet Orliac était un fameux gredin !

LE CONTE D'OR

I

Je l'avais remarqué de bizarre façon. C'était en vérité une étrange créature.

Je passais dans Broadway, flânant comme on flâne à vingt ans, regardant beaucoup plus les adorables *misses* aux cheveux blonds et aux yeux bleus que toutes les splendeurs des magasins à la mode. Je suis tout particulièrement épris des petits pieds... Oh! quelle adorable chose qu'un *peton* mignon, cambré, dans sa bottine mordorée qui craquette sur le trottoir. Et les mains mignonnes! et le teint rosé sous le voile... . Voir tout cela et avoir vingt ans !

Donc je regardais deux pieds, ah! les plus délicieusement modelés que j'eusse encore rencontrés. Ils étaient coquets, malins, mutins. Ils vivaient, ils jabotaient un délicieux petit langage d'impatience et de curiosité... la bottine était ample sans être large. Pas un pli. Du chevreau qui faisait gant. On distinguait le pouce arrondi et le petit doigt un peu recourbé.

Mais bah! voilà quelque chose qui marche sur le bout de l'une de ces admirables coquetteries... et c'est un pied aussi. Est-ce bien un pied? Quelque chose de balourd, d'épais, de large, chaussé de daim, armé d'une double semelle. On eût dit un *monitor* se jetant sur une goëlette...

Je levai les yeux. Ces pieds, c'était l'homme. Il était tout entier balourd, épais et large, tout entier vêtu d'une étoffe jaune, à teintes sales; une houppelande, des guêtres de cuir jaune, des gants jaunâtres... et la tête? oh! la tête! Est-ce que la tête portait aussi un masque jaune?

Mais non. Sur mon âme, c'était bien sa peau, une sorte de parchemin, sans coloration, sans vie sous le derme, sans chaleur... avec un reflet jaune.

Mes petits pieds avaient fui avec un cri. Les grands pieds restaient. Ils semblaient s'être incrustés dans l'asphalte. Oh! ils n'auraient pas bougé pour un empire. Ils étaient devenus bases, piédestaux.

Et devant quoi? devant la boutique de *Philipps and C°*, les plus grands joailliers de New-York.

Ce n'était pas une boutique, à vrai dire. C'était un ruissellement; les colliers s'égrenaient autour des bracelets, que mordaient à leur tour les agraffes scintillantes. Éblouissement de parures et de diamants. Mais or surtout. Il y avait des lingots dans un coin, comme chose inutile et qu'on abandonne... et des pièces étrangères dans des sébiles de bois, comme si on les eût jetées à quelque Bélisaire mendiant aux quatre coins du monde... et des antiques tordus et à demi-brisés... et des ceintures en filigrane... et des diadèmes rutilants et rayonnants. Puis des bassins d'or, des coupes d'or, des gobelets, des couverts de vermeil...

Et le vieillard (car il était vieux, cela se voyait au cercle de ses yeux et aux rides de ses tempes) restait là immobile, et le reflet de l'or rendait son visage plus jaune.

Il s'aperçut que je le regardais, et tourna ses yeux vers moi. Ses yeux ! Je crus voir deux dollars brillants. Les yeux étaient jaunes.

Il me fit peur : Je me sauvai.

Deux heures plus tard, je revins dans Broadway. Il était encore là, à la même place, il n'avait pas bougé. Mû par je ne sais quelle curiosité, je m'installai bravement à côté de lui.

Il me regarda encore, puis, d'une voix étrange, il me dit :

— Vous aimez donc bien voir l'or ?

II

Voix brève, sèche, métallique. Un mot surtout m'avait frappé : *or* (1). Il avait prononcé l'o de telle façon qu'il semblait que sa bouche en fût complètement remplie. Ses lèvres s'étaient façonnées en *ô*, c'était un bâillement sonore comme un épanouissement vocal.

Je ne sais quel effet me produisirent, et l'individu, et sa voix. J'eus presque envie de fuir; mais j'ai, je dois l'avouer, une involontaire tendance vers le bizarre et l'étrange; j'aime à me trouver en face d'un *mystérieux* spécial. Fantômes, spectres ou larves me laissent froid. Le fantastique extra-naturel, phénoménal, miraculeux, pour mieux dire, ne me touche ni ne m'attire, parce que je n'y crois point. Mais là où je *flaire* une anomalie, je suis comme le chien de chasse sur la piste : je tombe en arrêt.

Que de fois, d'ailleurs, cet instinct me trompa dans mon enfance, et combien de temps, combien d'expérience, il m'a fallu pour que s'établît définitivement l'affinité complète entre mes facultés et les réalités étranges que je rencontrais.

(1) En anglais *gold*, ô long. Ce que dit l'auteur peut se comprendre cependant avec le mot français *or*, mais à la condition de prononcer *ôr*.

J'avais, dis-je, envie de fuir. Mon second mouvement fut de regarder bien en face mon interlocuteur :

— Êtes-vous pressé de vous en aller? lui demandai-je.

— Non, fit-il brièvement.

— Voulez-vous accepter un verre de « toddy » au « wisky »?

Je le vis sourire : extraordinaire était en effet ma requête. Je ne le connaissais point, il ne me connaissait point. Pourquoi aurait-il accepté?

— Un mot, reprit-il de ce même accent dur et sec qui m'avait frappé. Aimez-vous cela?

Et il me désigna les innombrables parures qui encombraient l'étalage du bijoutier.

— Certes, répondis-je, qui n'aimerait tout cela!

— Et vous buvez du wisky?

— Eh bien! pourquoi non?...

— C'est bizarre, fit-il encore... j'accepte.

Sur ma foi, j'étais presque embarrassé. Mon bonhomme était singulier, soit. Mais, en réalité, ce n'était peut-être qu'un ennuyeux vagabond, dont la compagnie ne pouvait gêner, ni même compromettre. Mais il était trop tard pour reculer. J'avais *donné de la voix*, le gibier était levé. Il fallait chasser quand même.

— Marchez, dis-je en lui indiquant un café à quelque distance, je vous suis.

Mais, avant de se mettre en mouvement (car pendant que nous échangions ces quelques paroles il n'avait pas bougé de place), il jeta sur la boutique du bijoutier un long regard, comme s'il eût voulu embrasser, accaparer en quelque sorte cette totalité magnifique; puis il se retourna brusquement et marcha vers le point indiqué.

Un instant après, nous entrions aux *Treize-Étoiles*

III

Nous sommes en face l'un de l'autre. Mais, en bonne conscience, est-ce bien moi qui le *tiens* ? Devant lequel des deux l'autre pose-t-il ?

Il me regarde et son regard me trouble. J'avais dessein de le faire causer, et je ne trouve pas un mot.

Ce sont surtout ses yeux qui m'étonnent. Je les examine avec soin, tenant les miens fixés sur eux, sans souci de mon impolitesse. Ces yeux sont ronds comme ceux d'un chat. C'est-à-dire que les paupières supérieures et inférieures sont faites de telle sorte que le blanc est absolument caché, mais que le globe apparaît tout entier, comme encadré dans un bourrelet de chair. C'est un rond parfait et jaune. Je le regarde même de si près, que ma figure va se refléter dans ce globe immobile. Et, singulière illusion! il me semble voir deux pièces d'or à mon effigie...

Je me détourne et vide à moitié mon gobelet de *toddy*.

Lui se verse un verre d'eau et l'avale.

— Vous allez vous enivrer, me dit-il.

Je proteste d'un geste : il ricane et reprend :

— Si encore vous arriviez à l'ivresse, je ne vous en ferais aucun reproche. Mais savez-vous ce qu'est l'ivresse ?

Je balbutie quelques mots :

— Oui, il m'est arrivé quelquefois...

— D'être malade, et vous appelez cela être ivre. Vous ne connaissez pas l'ivresse.

Et ses deux yeux brillent d'un éclat fauve, roux, comme si son souvenir lui rappelait quelque ineffable jouissance.

— Si fait, m'écriai-je à mon tour. Je connais l'ivresse du vin, l'ivresse du *brandy* et même l'ivresse de l'opium...

— C'est-à-dire que vous vous êtes livré involontairement aux griffes de ces trois monstres, que vous êtes devenu pendant quelques heures leur proie, leur *chose* : qu'ils vous ont secoué, remué à leur guise et à leur caprice. Et c'est cela que vous prétendez être de l'ivresse.

— Prétendez-vous donc, à votre tour, alors que les facultés du *moi* sont surexcitées par l'ivresse, rester maître de vos impressions et...

— Diriger l'ivresse. Oui, jeune homme. J'ai fait et je fais cela. L'ivresse est une science qui veut l'étude longue et patiente... Et, d'ailleurs, qui vous parle d'opium ou de narcotique ?

— De quoi donc voulez-vous me parler ? Avez-vous découvert le secret de quelque substance ignorée, dont les effets inconnus produisent des plaisirs... ?

— Inexprimables. Oui ; et, cependant, cette substance, comme vous l'appelez, n'est pas ignorée : elle est partout, elle vous enveloppe, elle vous entoure ; mais il est donné à bien peu de la posséder en suffisante quantité pour que l'ivresse soit possible.

— Oh ! dites, dites son nom...

Le vieillard sourit.

— Alors même que je vous dirais son nom, cette révélation vous serait inutile...

— Et pourquoi ?

— Parce que vous êtes jeune et que vous ne comprendriez pas...

— Je ne demande qu'à m'instruire, repris-je vivement.

— En vérité ! fit le vieillard en dardant sur moi ses yeux jaunes.

Puis, sa bouche se contracta en une sorte de rire méchant.

— Eh bien ! trouvez-vous demain, à dix heures du soir, là où vous m'avez rencontré aujourd'hui...

— Et vous m'apprendrez ?...

— Ce que peut-être vous n'auriez jamais voulu savoir, ce que peut-être vous regretterez toute votre vie d'avoir connu un instant.

Je frissonnai involontairement.

— Avez-vous peur ? il est temps encore...

— Non, non, je ne crains rien. A demain.

Il se leva subitement et disparut en un clin d'œil. Je m'élançai à sa poursuite.

— Du moins, murmurai-je, je l'observerai sans qu'il s'en doute.

Lorsque je sortis dans la rue, il était déjà loin. Il marchait vite, si vite, sur ma parole, que mes jambes de vingt ans avaient peine à le suivre. Je le rattrapai cependant, et me tins à une vingtaine de yards derrière lui.

Il allait, allait, raide comme une flèche, comme l'homme qui a un but dont rien ne le saurait détourner. Il quitta la grande rue, s'engagea dans une avenue, puis dans une ruelle, traversa des squares, des places, puis encore des rues, des avenues : il arriva ainsi jusqu'au Parc...

Et il disparut à mes yeux.

Par où était-il passé? Je ne m'étais pas trompé, je l'avais vu un instant auparavant, en pleine lumière. J'avais bien reconnu son accoutrement bizarre. Et tout à coup... plus rien! je courus à l'endroit où je l'avais aperçu pour la dernière fois. Rien. Je me trouvais en face d'une vaste maison, ressemblant à un hôtel. Toutes les portes étaient closes. De plus, j'étais certain qu'il n'avait pas gravi les marches du perron.

Je restai là une heure en contemplation, étudiant le problème sans en trouver la solution. Puis je me décidai à m'en aller tout pensif.

IV

Oh! quelle nuit je passai! Quand le démon du bizarre s'accroupit sur votre poitrine, quand la harpie curiosité fouille votre âme et déchiquette votre cerveau, qui peut parler de sommeil? Sommeil, plate et nulle chose, bonne pour les têtes vides et les natures engourdies.

Acre jouissance, ne pouvoir dormir. Éteindre sa lumière parce que les paupières s'appesantissent. Puis, dès que l'obscurité s'est fait sentir, que l'œil se rouvre et darde ses rayons dans la nuit; la réflexion s'accroupit sur le crâne, elle *ronronne* des choses sans nom; les rêves de l'éveillé se croisent et se mêlent; les pensées dansent comme les sorcières des monts Thessaliens; puis on rallume et le calme se fait. On éteint encore, et l'orchestre infernal reprend ses mélodies épouvantables...

Salut à toi, puissance qui décuple la vie, qui exalte l'être tout entier; toi que les hommes attaquent et combattent, salut, force inconnue qui change chaque nerf en une corde vibrante, chaque muscle en un lien de feu, chaque fibre en une touche d'un clavier sonore; salut! fièvre que les faibles redoutent, mais que chérissent les forts... à toi, j'ai dû mes plus grandes jouissances, alors que l'être, surexcité, doublé, centuplé, aspirait l'étrange par tous ses pores, possédé de la faculté créatrice, faisant surgir des flancs inconnus du néant des enfantements inconnus !

Comme le maudit vieillard ricanait à mon chevet, pendant cette nuit-là ; puis, comme tout à coup il s'abîmait dans le parquet ! Et je riais, moi aussi, en pensant à la surprise de mon voisin d'en dessous, alors qu'il devait le voir apparaître, avec son costume jaune et ses yeux jaunes... Il remontait, droit, fixe, raide... Il me faisait des signes de la main et il m'appelait...

— A demain ! à demain !

V

Oui, en vérité, j'avais eu la fièvre toute la nuit, j'attendais... quoi ? l'inconnu. Le jour est venu. Comme l'heure est lente à fuir ! Le soleil brille. De mon lit, je vois son ombre sur la maison d'en face.

Je sais qu'il faut que cette ombre s'élève, s'élève et disparaisse. J'entends du bruit dans la rue. Je ne veux pas regarder ma pendule. Je ne me lèverai pas aujourd'hui. Non, ce soir à huit heures je mangerai, puis je boirai un peu, modérément d'ailleurs, mais seulement pour que le temps passe, seulement pour attendre dix heures.

Midi! pas d'impatience. Le temps est lent, mais il marche. Je compte un, deux, trois, jusqu'à mille. Puis je recommence. Combien peut-on prononcer de chiffres dans une heure? Maintenant que je le sais, le temps va passer plus vite.

Voici le crépuscule. Non, je ne me trompe pas. Le soir vient, sept heures, le quart, la demie, les trois quarts. Huit heures ! Enfin !

Je m'habille lentement. J'ai calculé mon temps. J'ai justement ce qu'il me faut pour m'occuper pendant deux heures. J'irai dîner à une distance que je connais bien. Un quart d'heure pour y aller, un quart d'heure pour revenir. Il me restera une heure pour le repas. Tout est bien combiné, ma tête est libre, mon intelligence ouverte ; je suis apte à saisir l'étrange... Partons.

Tout se passe comme je l'avais prévu. A dix heures je suis devant le magasin de *Philipps and C°*.

L'homme est là, lui aussi.

— Vous êtes exact, me dit-il.

Je reconnais sa voix. C'est bien le même accent dur et métallique.

— Vous êtes prêt ?

— Oui.

— Vous désirez comme hier connaître l'ivresse véritable...

— Comme hier, plus qu'hier.

— Alors, suivez-moi.

Et nous prenons le chemin que j'ai suivi hier, pendant que je le poursuivais. Il ne s'en doute pas, le vieux. Il ne sait pas que je l'ai observé. Il ne sait pas que je l'observe encore, que pas un de ses mouvements ne m'échappe, que pas une ligne de sa personne ne se soustrait à mon examen.

Du reste, il n'y paraît point prendre garde. Son visage est sérieux, calme, placide même. Ses yeux sont à demi fermés; il semble qu'il ne veuille rien voir, qu'il cherche à se détacher de tout ce qui l'entoure, pour concentrer toute son attention, toute sa perception sur un seul point... Lequel?

Voici bien les rues que nous avons parcourues hier; voici les avenues, les places, les ruelles, les squares. Voici le parc. Si l'homme allait disparaître encore?

Non. Il se tourne vers moi. Je crois, sur mon âme, qu'il me sourit.

Nous étions arrivés devant la maison que j'avais remarquée. C'était une construction rectangulaire, disgracieuse et noirâtre, qui cependant avait les allures d'une résidence particulière. Du reste, aucune apparence de vie. Les fenêtres fermées, pas une lumière. Pas un bruit, pas un souffle, pas un mouvement.

— C'est votre maison? demandai-je à mon conducteur.

Il ne me répondit pas; au lieu de se diriger vers le perron qui conduisait à la porte d'entrée, il alla plus loin. La maison était construite à la mode anglaise. Une grille de fer régnait le long de la façade, laissant une sorte de cour en contre-bas, de fossé entre la rue et la maison. D'ordinaire, le sous-sol ou *basement* devant lequel s'étend le fossé est éclairé par des fenêtres prenant jour sur la rue; mais, à cette maison, aucune ouverture au-dessous du rez-de-chaussée. Le mur de briques noires, plein et sombre.

Parvenu à l'extrémité du bâtiment, l'homme ouvrit rapidement une porte ménagée dans la grille et descendit quelques marches ; puis, faisant volte-face, m'invita d'un signe à le suivre, passa derrière moi, referma la grille, qui retomba pesamment en faisant un bruit qui résonna jusque dans mon cerveau, et acheva de franchir l'escalier. J'étais, comme on dit, sur ses talons.

Dans le mur du *basement*, je distinguai alors une espèce de porte basse, en forme de cintre. L'homme mit une clef dans la serrure, la porte s'ébranla, je compris qu'elle était en fer ; je la franchis derrière lui ; une seconde porte nous arrêta, il l'ouvrit et nous passâmes.

Nous nous trouvions alors dans une galerie voûtée, de quatre pieds de largeur au plus, et de six à sept pieds de hauteur. Une lanterne allumée se trouvait à terre, mon guide la prit ; nous marchâmes vivement à travers plusieurs galeries semblables à la première, et, tout à coup, nous nous trouvâmes dans une pièce assez spacieuse, que je me mis à examiner avec le plus grand soin...

VI

Il n'y avait pas à en douter, nous étions dans une cave.

L'endroit dans lequel nous nous trouvions était carré. Les murs étaient frustes sans aucun ornement. Seulement l'air était sec, on ne sentait pas cette humidité ordinaire aux celliers et aux voûtes souterraines.

Le vieillard avait allumé une lampe et trottinait de droite à gauche, sans paraître se préoccuper de moi. J'avais donc tout loisir d'inspecter les localités, et point n'y manquais.

La pièce était de la même hauteur que les galeries. Je ne suis pas grand, mais j'aurais pu toucher le plafond en étendant le bras au-dessus de ma tête ; ce plafond était voûté, à arêtes. Au milieu pendait la lampe, jetant un reflet clair et brillant.

Pour tous meubles une table de bois noirci, quelques escabeaux de chêne qui paraissaient — telle était leur élégance — avoir été taillés à coups de serpe.

Sur la table, quelques radis, un morceau de pain, une bouteille à demi-remplie d'eau, un vrai dîner d'anachorète ; dans les coins, des tas de choses sans nom, des haillons qui, autrefois, avaient été pailletés d'or ou d'argent. Avais-je donc affaire à un ancien clown ?

Mes yeux s'habituaient peu à peu à la lumière : je percevais mieux les détails. J'aperçus alors, dans l'un des murs, deux portes basses évidemment en fer, et munies de serrures énormes. Elles ressemblaient, à s'y méprendre, aux ouvertures des fours de nos ménagères, et laissaient évidemment à peine la place nécessaire pour l'introduction d'un corps humain.

Cependant mon hôte— car le vieillard était bien réellement mon hôte, j'étais bien réellement chez lui, cela se voyait à l'aisance de ses mouvements — mon hôte, dis-je, s'assit devant la petite table dont j'ai parlé, et, m'indiquant un escabeau :

— Voulez-vous partager mon repas ? me demanda-t-il en attaquant de haute lutte les radis et le pain dont j'ai déjà constaté l'existence.

Je ne paraissais pas très disposé à accepter cette invitation. Il se mit à rire :

— Gourmand... ou plutôt ignorant ! Dis donc, garçon, je ne sais pas pourquoi, mais tu me plais. Tu as la figure intelligente, l'œil me va. Es-tu ambitieux ?

— Mais, maître...

— Master Hughes, c'est ça, c'est mon nom.

— Eh bien ! master Hughes, oui, je suis ambitieux. Est-ce que c'est un mal à vingt ans ?

— Certes non, à vingt ans, ni à trente, ni à cinquante. Moi-même, j'ai quatre-vingt-cinq ans... Eh ! mon Dieu, oui, je suis du siècle... Si j'avais encore quelque chose à désirer, je serais ambitieux.

Cette dernière phrase me surprit, je l'avoue, plus

que tout au monde ; elle me semblait une *Lapalissade*, il s'en aperçut.

— J'ai dit : Si j'avais quelque chose à désirer... et non : si je désirais quelque chose...

— Voulez-vous dire que tous vos vœux, quels qu'ils fussent, ont été réalisés ?...

Et jetant les yeux involontairement autour de la chambre, je fis l'inventaire mental et bref des misères de ce logis.

Master Hughes eut un ricanement qui me fit tressaillir.

— Garçon, dit-il en croquant un radis, je n'ai plus rien à désirer... parce que j'ai tout...

Je le regardai d'un air ahuri. Il se versa un verre d'eau et l'avala d'un trait.

— Tout... tout quoi ? demandai-je en balbutiant.

Je commençais à craindre de me trouver enfermé avec un fou... à cette heure, dans cette maison sinistre, derrière toutes ces portes de fer...

Et cependant il était calme. Ces choses inouïes, exorbitantes, invraisemblables, impossibles, pour tout dire (je les croyais alors telles), ces choses étaient dites avec une placidité qui m'étonnait.

— Tout quoi ? répétai-je.

— Tout... fit-il encore d'un ton sec, comme si un marteau eût frappé une enclume. Puis, revenant au ton naturel :

— Hé ! garçon, tu as une mère ?

— Oui, master.

— Elle est ici, à New-York ?

— Oh! non, elle est au Canada, à Montréal.
— Et tu l'aimes bien ?
— Comme je dois aimer la femme qui m'a nourri. élevé, fait homme, en un mot, par son travail et son intelligence.
— C'est bien, cela. Ton père est mort?
— Oui.
— Ah !... Tu es gentil garçon, nous avons bien une petite amoureuse... qui s'apelle?...
— Lizzie, répondis-je en rougissant.
— Jolie, blonde... des yeux bleus... parfait, excellent... Comme il ferait bon être riche, hein ? pour épouser sa Lizzie.
— Oh! riche, c'est beaucoup dire... Si seulement nous avions de quoi vivre honnêtement...

Le damné vieillard ricana encore. Puis, je ne sais comment cela se fit, il se leva précipitamment, prit dans un coin une sorte de pelle, comme celle dont se servent les ouvriers qui remuent la houille, il ouvrit une des deux portes de fer que j'avais remarquées, plongea sa pelle par l'ouverte béante... et...

VII

Il la retira pleine de pièces d'or qu'il jeta sur le sol... devant moi.

— Cela serait-il suffisant pour te faire épouser ta Lizzie ? cria-t-il. En faut-il encore ?

Il donna deux autres coups de pelle, et les pièces d'or s'amoncelèrent sur le sol. J'étais debout, la bouche béante, les yeux démesurément ouverts.

— Prends, mais prends donc, continua-t-il, emplis tes poches, emplis ton chapeau, emplis tes mains. Oh ! c'est de l'or, de l'or vrai, de l'or pur. Ce n'est pas de l'or volé, il est bien à moi, bien à moi... et je te le donne.

Involontairement, inconsciemment, je me jetai à terre et saisis les pièces à pleines mains.

— Hé ! hé ! ricana master Hughes, tu vas bien, garçon, tu vas bien.

Je me redressai vivement.

— Tu as voulu savoir ce que c'est que l'ivresse, l'ivresse réelle : je vais te l'apprendre. Viens, viens avec moi.

Il ouvrit l'autre porte de fer.

— Baisse-toi, garçon, passe en rampant ; je te suis... N'aie pas peur.

J'obéissais machinalement ; je ne sais quel vertige me montait au cerveau. Je rampai ainsi pendant quelques secondes, puis la voûte s'éleva ; je me soutins sur les genoux et je me trouvai debout. Master Hughes était auprès de moi, et il battait un briquet pour obtenir de la lumière.

J'étais cloué sur place ; j'attendais. Mon cœur battait violemment, comme à l'appréhension de quelque événement étrange... Mes yeux étaient à demi fermés. Je voyais dans une ombre indistincte le vieillard se mouvoir rapidement, puis des lueurs paraissaient, une à une, nombreuses... et ces dernières me paraissaient dans un grand éloignement. Peu à peu, je serrais les paupières, et à travers mes cils irradiaient de fins rayons de lumière... Je n'osais point regarder, de peur de voir cette réalité qui cependant m'entourait de toutes parts.

Le pas de mon conducteur s'éloignait de plus en plus. Je percevais l'écho de ce pas saccadé, et je tâchais, instinctivement, de mesurer la distance à laquelle il pouvait se trouver ; tout à coup ces pas se rapprochèrent ; il revenait... d'où donc ! Puis une main se posa sur mon épaule... Je tressaillis et ouvris brusquement les yeux.

— Eh bien ? garçon, me dit master Hughes ; est-ce que tu as peur ? Es-tu cloué au sol ? Nous sommes arrivés !

Je le regardai, lui d'abord, et je reculai d'un pas pour le mieux considérer. Etait-ce bien le même homme ? Il me semblait rajeuni de vingt ans... Mais non, c'était bien le même visage ridé, parcheminé. Seulement, ces rides étincelaient, ce parchemin rayonnait. Les yeux semblaient éclairés comme si une lanterne eût été placée derrière leurs orbites, dans le cerveau...

Où étais-je ?

Devant moi et dans tous les sens des voûtes se croisant, se multipliant, s'éloignant à perte de vue. Puis je me rendis un compte plus exact. C'étaient de vastes caves dont les arceaux étaient soutenus par de larges piliers. Vastes, ai-je dit. En vérité, je ne pouvais mesurer l'étendue du regard, car les lampes suspendues à chacun des centres me paraissaient aussi nombreuses que les étoiles du ciel.

Master Hughes marcha, et je le suivis encore, regardant curieusement. C'étaient bien des caves, en vérité. Nous suivions l'artère principale. De chaque côté, dans des celliers construits de briques et de maçonnerie, se trouvaient des tonneaux de toutes grandeurs, et sur des tiges de fer horizontalement fixées, des bouteilles en telle quantité que, même aujourd'hui, je n'en pourrais dire approximativement le nombre. Seulement, ces bouteilles me semblaient de forme et de couleur singulières. Il y en avait de toutes grandeurs ; elles étaient d'un jaune mat, comme si elles eussent été de toile ; des ombres nombreuses m'empêchaient de constater la limpidité de ce qu'elles contenaient... Au-dessus de chaque cellier, des écriteaux portant des signes dont je ne pouvais comprendre la signification, et master Hughes, me faisant les honneurs de ce singulier *chez soi*, marchait lentement, comme un prince au milieu de ses sujets agenouillés, se tournant seulement de temps à autre pour voir si je le suivais.

Nous arrivâmes ainsi à une sorte de rotonde, qui était, je m'en convainquis bientôt, le centre auquel aboutissaient toutes les galeries disposées en rayon. Je marchais la tête baissée... Parvenu dans cette rotonde, je jetai un cri. Le sol m'avait paru manquer sous mes pas... Non, ce n'était pas cela. Mais je marchais sur une sorte de gravier qui craquetait en roulant. Je me baissai et regardai... Puissance de l'enfer ! ce gravier, cette *chose* craquetante et roulante, c'était de l'or, c'étaient des pièces d'or...

Au milieu de la rotonde, une table jaune, brillante, dont la dimension était bien de six pieds carrés, et qui — lorsque cette idée me passa par le cerveau, j'eus comme un éblouissement — me sembla faite d'un seul lingot d'or...

Aux murs, de l'or, ou plutôt le mur, le plafond, les arêtes du centre, tout était or, or pur, or brillant, étincelant... Un lustre d'or pendait, et ses flammes semblaient un gaz d'or brûlant; sur la table, une vaste cuve... de même métal... Était-ce possible? Était-ce réel?

Master Hughes me désigna un bloc... (je n'ose dire bloc d'*or*) et s'assit sur un autre. Nous étions ainsi devant la table, lui d'un côté, moi de l'autre, la cuve entre nous...

VIII

L'homme était transfiguré. Non, sur ma vie, il n'était plus laid. Il y avait dans ses yeux ronds je ne sais quelle expression de voluptueux triomphe, d'espoir immense qui rayonnait sur tout son visage. Il avait la tête nue. Son crâne était large, bien développé, peut-être un peu trop proéminent, un crâne de penseur et de dominateur... Master Hughes, les pieds dans l'or, les mains sur l'or, me semblait la réalisation d'un type fantastique, le gnome des trésors enfouis.

— Écoute, *boy*, me dit-il, tu es le premier homme qui, après moi, ait pénétré sous ces voûtes sacrées. Pourquoi t'ai-je amené ici? Je n'en sais rien. Tu m'as plu, il m'a semblé lire dans tes yeux que tu avais en toi une énergie suffisante pour comprendre les grands secrets de l'ivresse, de la seule ivresse véritable, entends-tu bien!... non pas de cette ivresse qui abrutit à la fois et le corps et l'esprit, qui affaiblit les muscles et énerve l'âme, mais de la grande ivresse qui décuple les facultés, qui nous fait maîtres de nous-mêmes, du monde entier, du connu et de l'inconnu.

— Oui, oui, m'écriai-je, dominé moi-même par une exaltation dont je ne cherchai pas à me rendre maître. A moi l'ivresse folle, profonde, énorme... buvons noyons-nous dans ces ardeurs innommées dont déjà je pressens l'approche... Je devine le dieu qui vient vers nous, il est là, je le comprends, je l'attends...

— A l'œuvre donc, dit master Hughes.

Et, s'élançant vers une des caves, il saisit et entassa sur un de ses bras quelques-unes de ces *choses* que j'avais prises pour des bouteilles, et il revint précipitamment dans la rotonde.

Ces bouteilles... c'étaient des sacs. Il détacha rapidement la corde qui serrait le premier à la gorge, et le vida dans la cuve; les pièces d'or tombèrent dans l'urne avec un bruit... non! avec une mélodie splendide... Puis un second sac, puis un troisième sac, puis encore, puis encore. La cuve s'emplissait. Les pièces étaient petites. A quelle effigie ? je n'aurais pu le dire. Le flot montait : le bassin était presque comblé.

— Fais comme moi, cria master Hughes.

Il retira sa veste, son gilet, mit ses bras et son torse à nu. C'était un homme vigoureux, malgré son âge, et ses muscles se dessinaient en saillie sur ses membres robustes.

Il plongea alors dans l'or ses deux bras nus, puis se releva en entr'ouvrant les doigts ; les pièces retombèrent comme les gouttelettes d'une eau métallique ; il mit la tête sur la cuve, et, comme il eût fait d'un liquide, se *versa* l'or sur les cheveux, sur le cou, sur les épaules, et l'or retombait dans la cuve. Et je l'imitais, et je sentais ma peau frémir au contact du métal ; je ne m'arrêtais pas. C'était une âcre jouissance. Ces ablutions d'or faisaient frissonner tout mon être. J'avais plaisir à plonger mes bras jusqu'au fond de la cuve et à sentir les pièces jusqu'aux épaules. Alors j'écartais les mains, la paume en l'air, je relevais sur mes doigts, comme dans deux gobelets, tout ce que mes mains pouvaient contenir, et je le laissais couler sur mes épaules... et je ne m'arrêtais pas.

Je me sentais pâlir. La sueur inondait mon visage. Je regardai master Hughes. Ses yeux étincelaient, et ses mouvements étaient si rapides que sa tête et son torse disparaissaient sous le ruissellement fauve.

— Viens, me dit-il.

Il me saisit par le bras et m'entraîna dans les galeries.

— Vois-tu, cria-t-il, vois-tu ces milliers de sacs,

vois-tu ces centaines de tonnes? Tout cela... tout cela, entends-tu bien, c'est de l'or, rien que de l'or... Il y a là tout un monde, tout l'univers, la vie de l'homme, son espoir ici-bas et dans l'autre monde...

Et en passant je regardais, je touchais du doigt, je palpais sacs et tonnes.

— Ce sont les caves d'or, continuait-il. Qui viendrait me parler de celliers remplis de vin... d'eau-de-vie... d'absinthe? Or de toutes les formes, de toutes les époques, de toutes les provenances... Déguste, tiens, déguste.

Il éventrait un sac, et des pièces qui s'échappaient, il en mettait deux ou trois entre ses lèvres.

— Déguste celle-ci. Or pur, sans alliage, sans mélange... Maudites soient les nations modernes qui accouplent, dans un monstrueux alliage, l'or à l'argent, la nuit à la lumière, le feu à l'eau... Sens-tu cette saveur douce, chaude, qui satisfait les papilles sans les exciter?

Et moi aussi, je mettais l'or sur mes lèvres, je le touchais de ma langue, je le savourais... et je trébuchais sur mes jambes.

J'étais effroyablement ivre... effroyablement, à en mourir...

IX

Dans chacun des caveaux partiaires, il y avait à terre une cuve d'or, élevée seulement sur un trépied.

Master Hughes me poussa dans l'un d'eux. Il prit des sacs, les ouvrit et emplit à demi la cuve, puis, s'accroupissant sur le sol :

— Ambitieux ! je t'ai demandé si tu étais ambitieux... regarde dans cette cuve, vois-tu cet or resplendissant, qui s'égrène sous mes doigts ?... Il y a là tout un royaume... écoute, entends-tu ces fanfares ! Je suis roi, j'ai sur la tête un diadème d'or et de pierreries... Taratara ! les trompettes qui sonnent. Badaboum ! badaboum ! voilà les chevaux qui galopent. C'est le cortège. Je suis celui devant lequel les plus orgueilleux se prosternent. On quête un de mes regards, on mendie une de mes paroles... Vivat ! vivat ! entends-tu la foule, brute et cupide, qui m'acclame... je suis maître, je suis roi, je suis le seul qui d'un signe puisse faire tomber une tête, qui d'un coup d'œil élève un favori ou le renverse.

Et ce vieillard-roi se redressait fièrement, laissant jaillir de ses doigts l'or qui retombait dans la cuve de toute sa hauteur...

— Je frappe du pied, et des armées sortent de terre. Les vois-tu, splendides et martiales, les vois-tu, prêtes,

sur un geste de moi, à jeter la terreur sur l'ennemi ?...
Je suis le maître de la mort... je la tiens dans la main,
et je puis... si je le veux... la lancer sur le monde
comme une furie... Je suis l'orgueil devant lequel s'abaisse tout orgueil. Je suis la force devant laquelle plie
toute force... Mon trône est inébranlable, ma puissance
est incorruptible, car, trône et puissance, tout est d'or.

Il me regardait, et malgré moi je baissais la tête :

— Enfant d'un pays libre, veux-tu cette puissance?
Qui te parle de droits, qui te parle de liberté?...
plonge tes mains dans cet or, si tu le veux, je te fais
roi. Le veux-tu ?

— Oui! oui! m'écriai-je, en me baissant vers la
cuve...

— Tu renies tout, la liberté, l'indépendance, tout ce
qui est principe?... Qu'est-ce que ces vains mots, bruit
ridicule comparé à ce tintement...

Et l'or clapotait contre les parois de la cuve.

— Oui, oui, criai-je encore.

J'entendis comme un ricanement sinistre, mais je n'y
prenais pas garde.

— Attends encore, me dit le vieillard.

Il m'entraînait vers un autre caveau...

X

La cuve fut remplie. Je l'embrassai de mes deux bras, dans une étreinte fébrile.

— Bien! bien! fit le vieillard. Tu es maître, et à nous deux nul ne résistera. Vois-tu cet homme si fier de sa probité, si fort de sa conscience... remue, remue cet or, et tu vas le voir, étonné d'abord, puis avide, puis mendiant, t'offrant cette conscience qu'il ne devait pas vendre et qu'il détaille aujourd'hui comme une marchandise.

Il prit des pièces et les porta à sa bouche :

— Purifie ma bouche, métal sacré, pour qu'elle prononce les paroles qui enivrent, qui troublent, qui triomphent... Par toi, je suis roi des âmes, roi des consciences, je suis le Mal, plus grand que Dieu, je suis Satan, qui rit de tout; je suis le grand Négateur du Bien, du Juste, de l'Honnête; je suis le Corrupteur géant qui n'admet pas la résistance... Plus fort est le rempart, plus rapide est la chute! Plus vive est la lutte, plus triomphante est la victoire... Vertu, vertu! écoute donc. Ah! tu dresses l'oreille, ce chant est splendide, n'est-il pas vrai? Par l'or, je me fais un tapis de consciences sur lequel je marche à deux pieds... Là est la véritable royauté, là est le réel triomphe.

Et se tournant vers moi :

— Renie ta mère, et cet or est à toi....

Ce que je répondis, je ne le sais pas... Je ne veux pas le savoir. Mais j'entends encore le ricanement effroyable.

XI

Et je me retrouvai plus loin, les bras dans l'or, la tête perdue, chancelant, ne raisonnant plus...

— Et Lizzie! Lizzie! L'amour ! criait le vieillard, grande et sublime passion qui épure tout, qui ennoblit l'âme et fait l'homme égal à la Divinité. Ah ! ah ! l'amour ! Il y a dans cette cuve l'amour complet, l'amour immense qui se livre, s'abandonne, l'amour chaste, pur, adorable, l'amour des anges et des houris... La voilà qui passe la douce jeune fille, les yeux pudiquement baissés, la joue rougissante et le sein gracieusement soulevé par les premiers espoirs... puis elle aussi tressaille, elle a entendu... ceci !

Et le damné vieillard remuait l'or à poignées.

— Ces yeux se lèveront, cette joue rougira plus fort, ce sein bondira sous la passion de la convoitise... Tout cela, vois-tu, ma belle enfant, ma vierge, ma fleur, que nul souffle n'a terni, tout cela, c'est le luxe, c'est le bonheur, c'est le rêve. Ah ! déjà tu me regardes, déjà ton regard m'interroge... Tu hésites. Tiens, veux-tu de l'or, beaucoup d'or, plus, toujours plus ?... J'en inonderai ta beauté, et comme les bayadères, ton corps disparaîtra sous les sequins. Laisse-moi t'embrasser, un baiser pour toutes ces richesses, un seul. C'est bien peu. Prends, et pendant que tu regardes ruisseler ces splendeurs entre tes doigts, sauras-tu que je dérobe encore un autre baiser ?... L'amour est à moi... je suis maître.

Je ne sais d'où venait ce bruit de baisers se mêlant au tintement du métal.

— Et toi, belle orgueilleuse, comme tu es fière ! Comme tu marches librement dans ta dignité d'épouse !.. C'est que tu l'aimes, lui, qui a su conquérir ton cœur, auquel tu t'es donnée corps, âme et pensée. Eh bien ! je te veux, entends-tu bien ? je te veux... Oh! ne crains rien... je serai doux comme l'agneau, humble comme l'esclave. Regarde seulement ces pierreries, regarde ce flot resplendissant d'or qui étincelle! Tu t'arrêtes... dis un mot, un seul, ce palais est à toi ; ces ruissellements de richesse, à toi ; l'avenir, à toi le monde à toi ! Tu passes, tu reviendras ! Je le savais bien, te voilà revenue !

Oh! comme j'étais ivre !... Lui parlait d'une voix claire, modulant ces invocations, les rythmant !

Dans cette cuve, il y a l'amour... oui, la beauté, les rêves enivrants des baisers et des sourires, les cheveux de reine, et les yeux dont le regard brûle, les épaules de marbre et le sein qui frissonne, l'abandon, le frémissement de toute volupté...

XII

Quand je me redressai, mes yeux ne voyaient plus; mes oreilles n'entendaient plus. Il y avait dans mon cerveau je ne sais quel tourbillonnement insensé dont je n'étais pas maître...

Lui, implacable, jetait l'or vers le plafond; l'or m'entourait, *pleuvait* sur moi, en paillettes, en pépites... je me sentais devenir fou.

— Et dans l'or, cria-t-il, il y a LE CRIME!

Je ne sais comment cela se fit, mais à ce moment quelque chose se plaça dans ma main; c'était un poignard à lame aiguë, tranchante, acérée...

Il était devant moi, l'homme, les mains pleines d'or, ouvertes:

— Si tu le veux, disait-il (et en vérité je ne sais comment ces mots parvenaient à mes oreilles), si tu le veux, tout cela est à toi, à toi seul... Nul ne connaît l'existence de ces trésors... Qu'est-ce master Hughes? Un vieillard dont nul ne soupçonne la richesse, une sorte de mendiant qu'on voit de temps à autre rôdant dans les rues... S'il disparaissait, personne n'y prendrait garde... Tu es seul avec lui. Il est vieux, il est faible, il est désarmé... et .. *si je faisais cela* (il parlait comme si c'eût été moi-même), seul je saurais où pui-

ser à pleines mains dans ces richesses folles ; seul...
seul... pas de soupçons possibles! Et pour la vie tout
entière, la richesse, le bonheur, la domination... l'amour surtout!! des baisers et des rêves de voluptés
inconnues !... et pour tout cela, quoi ? Un seul coup...
Il ne criera même pas... en frappant juste au cœur ;
c'est l'affaire d'une seconde... et cette seconde, c'est la
réalisation de toutes ces illusions... Un seul coup... Le
poignard est bon, la lame ne pliera pas ! Sa poitrine
est là, je vois la place où bat le cœur...

— Meurs donc !... m'écriai-je affolé.

Et je levai le bras...

. . . .

XIII

— Messieurs du jury, dit alors l'avocat, se levant droit
et majestueux sur son banc, vous avez entendu l'étrange récit de l'accusé. Permettez-moi aussi brièvement que possible de faire ressortir les contradictions,
les invraisemblances, disons-le même, les impossibilités sans nombre accumulées par l'homme que vous
avez devant vous... Oh ! l'accusé a beau tourner vers
moi des regards surpris comme s'il s'étonnait que son
défenseur attaquât lui-même la véracité de son récit...
Qu'il ne s'y trompe pas, quand toutes les trompettes du

jugement sonneraient à mes oreilles, rien ne peut, rien ne pourra me détourner de mon devoir... je dirai la vérité, dût la vérité faire pendre mon client...

L'avocat tourna sur l'auditoire un regard satisfait : un murmure approbateur avait accueilli cet exorde.

— Donc, continua-t-il, permettez-moi de vous rappeler les circonstances de ce récit que je n'hésiterai pas à qualifier de grotesque, d'extravagant et de ridicule. Que s'est-il donc passé ! Un soir, à dix heures, passant à Broadway, devant le magasin de MM. Philipp and C°, deux policemen aperçoivent contre la base même de la boutique un groupe étrange. Ce groupe est composé de deux personnes. L'une de ces deux personnes est — si j'ose employer cette forme bizarre — un cadavre lacéré de coups de poignard, l'autre est l'homme que voici, vivant, très vivant. Il a dans sa poche un poignard qu'après de longues et intelligentes méditations les médecins-experts déclarent avoir servi à faire les blessures constatées sur le cadavre. Donc trois points acquis : un homme a été assassiné, un homme s'est servi d'un poignard, et c'est ce poignard qui a frappé. La connexion de ces trois entités est facile à établir. D'après toutes les règles de la logique, il y a eu acte homicide, commis par l'homme vivant sur l'homme mort, et c'est au moyen de ce poignard...

Une pause :

— Car, messieurs du jury, pourrait-on prétendre que c'est le mort qui a assassiné le vivant ? Cette supposition tombe évidemment d'elle-même. Peut-on supposer que des blessures, dont la forme et l'apparence indiquent l'emploi du poignard, n'ont pas été faites avec ce poignard, ou même ont été faites avec un autre poignard que le seul et unique qui se trouvât, au moment du fait, dans le rayon où l'événement se produisait ?... Enfin nul, je suppose (et ici l'avocat jette un regard de défi sur toute l'assemblée), je suppose — et j'insiste sur ce point — que nul ne voudra insinuer que le poignard a fait *seul* les blessures en question, sans qu'une volonté coercitive, prenant pour instrument la main de l'homme qui est là, en dirigeât sa pointe aux endroits frappés...

Le président du jury fait involontairement un signe d'acquiescement.

— Or, de tout ceci résulte cette conviction, poussée chez moi à ses dernières limites, je n'hésite pas à le proclamer, que l'homme qui est là a frappé la victime au moyen d'un poignard, et ce, jusqu'à complète suspension des fonctions vitales... D'ailleurs, l'accusé avouant lui-même, j'aurais pu me dispenser de cette démonstration ; mais, en m'abstenant, j'aurais manqué à tous les égards dus aux citoyens qui m'écoutent. Puis, messieurs du jury, laissez-moi appeler votre attention sur un point. L'aveu d'un accusé ne doit pas peser dans la balance de la justice ; son affirmation devant être rejetée en raison même de l'indignité du sujet, jusqu'à ce que notre propre conviction se soit éclairée en dehors même de sa coopération.

« Et, EN EFFET, je vais prouver que les affirmations de l'accusé, sauf le point spécial de l'acte en lui-même, sont fausses, mensongères, et de nul effet... ce qui constituera la seconde partie de ma démonstration, laquelle, je dois d'ores et déjà en avertir messieurs du jury, se composera de trois parties distinctes.

Le jury tout entier tourna, se moucha, renifla, se gratta le front et s'installa de son mieux pour écouter l'avocat dans un doux état de somnolence.

— *Ubi? Cur? Quomodo? Quando?* Là est le nœud ! exclama l'avocat en pétrissant la barre? *Ubi?* où ? en quel lieu a été commis le crime? Ah ! ici, messieurs les jurés, que n'ai-je l'éloquence d'un Jefferson ou même d'un Démosthène pour faire jaillir jusqu'à vos consciences la lumière qui m'inonde.

Et l'avocat se secoua, comme si l'inondation l'eût transpercé jusqu'aux os.

— Où? où ? Il dit avoir tué dans une cave... Ah ! ah (éclat de rire strident qui fait bondir le jury). Mais alors, comment le cadavre se serait-il trouvé dans Broadway, à six heures du soir, devant la boutique de *Philipps and C°*? Quelle connexité entre une cave et le trottoir? Comment, ayant tué là, se trouvait-il tuant encore ici ? Il faudrait alors admettre double crime sur le même individu, résurrection et meurtre itératif, compliqués de docilité de la part de la victime, suivant son meurtrier comme un caniche suit son maître. Impossibilités ! invraisemblances que ni la physiologie ni le magnétisme ne peuvent expliquer. Non, je ne crains pas de le dire, dussent les murs de cette enceinte s'écrouler sur moi, le meurtre n'a pas été commis dans une cave, mais au point même où a été constaté le fait, *I. E.* aux lieux sus-indiqués... Mais... mais allons plus loin. Supposons, admettons, par impossible (car, dans la recherche de la vérité, l'impossible doit être mis en ligne de compte), admettons, dis-je, que le crime ait été commis dans une cave. Où se trouve cette cave? Ah? ici, qu'il me soit permis de rendre un public hommage à cette puissante administration qui veille à la sécurité générale, à ces hommes qui se sont conduits comme d'admirables citoyens, aux *policemen* et *detectives* de toutes dénominations et de toutes catégories... Vous dites à ces hommes : Trouvez-nous une cave dans telles, telles et telles conditions. Ils n'hésitent pas, ils se mettent à l'œuvre, et, messieurs du jury, après un labeur opiniâtre, après des efforts sans nombre, ils n'ont pas trouvé de cave! Est-il besoin d'insister sur ce fait que la cave n'existe pas? Si la police l'avait trouvée, quelle défaveur jetée sur l'institution! Quelle démonstration est plus claire, plus évidente, plus tangible? On n'a pas trouvé de cave... donc il n'y a pas de cave... donc le crime n'a pas été commis dans une cave... donc le crime a été commis en face du numéro 2698 de Broadway, donc la lumière se fait, tout est clair, limpide, évident... Où? le point est fixé ; passons au *cur?*

— Passons au *cur?* répète le président de la cour.

— Passons au *cur?* murmure l'accusé.

— Passons au *cur?* grogne l'assistance.

XIV

— *Cur ? Why ?* Pourquoi ? Question qui appelle invinciblement cette formule, *Quia, because,* parce que... parce que. Fouillons ce *parce que*, sans crainte comme sans faiblesse. Parce que, dit l'accusé, master Hughes (qu'il s'obstine à appeler ainsi quand nous avons tous la franchise d'avouer que nous ne savons pas son nom, preuve évidente qu'il n'a pas ce *nomen* ou *cognomen*), master Hughes, dis-je, l'aurait conduit dans ladite cave qui n'existe pas, notez ce point, et l'aurait enivré avec de l'or... Oh! messieurs du jury, c'est ici que je fais appel à toute votre attention. Il s'agissait de trancher cette question subsidiaire. L'or, à forte dose, est-il susceptible de produire l'ivresse? L'or est-il, oui ou non, je le demande à tous, aux savants comme aux ignorants, aux crétins comme aux intelligents d'élite, l'or, l'or, entendez-vous bien, est-il doué de qualités stupéfiantes, narcotiques, excitantes, anesthésiques! En infusion, décoction, par succion, absorption ou inhalation, l'or peut-il produire quelque effet sur la masse cervicale?... Non, mille fois non! Donc... et j'ai honte d'affirmer cette conclusion tant elle est enfantine... il n'y avait pas plus ivresse par l'or qu'il n'y avait cave, *quod erat demonstrandum*.

Le jury change de position et appuie son menton sur la paume de la main droite.

— *Quando!* *When?* Quand? Ici je serai bref. L'homme dit avoir quitté à dix heures Broadway et la boutique de *Philipps and C°*. Les faits se seraient passés dans les heures subséquentes qui auraient alors constitué la nuit. Car, ne l'oublions pas, il n'est dix heures du soir qu'une seule fois en vingt-quatre heures, je crois inutile d'insister sur ce point... Or, comme le meurtre a été commis à dix heures, il ne peut y avoir simultanéité de meurtre et de départ, puisque l'homme n'est pas parti... *Quomodo?* enfin... par le poignard

« Ne vous semble-t-il pas, messieurs du jury, que la cause est complètement élucidée, sauf un point que je réserve (le troisième, vous êtes avertis). N'est-il pas plus clair que le jour que cet homme ment, comme Oméros nous apprend que mentait le divin Odysseus; il a menti, il ment, il mentira... »

La foule est sous l'impression de ce mouvement oratoire. Le jury fait passer son menton de sa main droite à sa main gauche; le président s'enfonce dans son fauteuil.

Alors l'avocat franchit d'un bond le banc qui le sépare de son client, saute dessus, lui saisit la tête à deux mains, et, au risque de l'arracher des vertèbres qui la relient au tronc, la tourne dans tous les sens avec vélocité.

— Il ment! cria-t-il. Pourquoi ment-il? Mais, messieurs du jury, il suffit de le regarder pour comprendre ce pourquoi? Voyez cette tête, voyez ces yeux, voyez ce front... stupidité, crétinisme, idiotie, absence d'idées, de pensées, de raisonnements... cet homme n'a pas la moindre bosse intelligente... c'est un être raté, manqué, disgracié... C'est une erreur de la nature, une monstruosité, un *portentum*, une aberration physique, une déviation morale... cet homme est un idiot, une brute et, pour dire toute ma pensée, un *fou*...!

Un grand tumulte s'ensuit. L'accusé, dégageant son crâne des griffes de l'avocat, se dresse et proteste. L'avocat fait un bond en arrière.

— Un fou! un fou dangereux à enfermer, à lier! glapit-il en faisant une prudente retraite...

Le jury se lève trois fois et trois fois retombe sur ses fauteuils, reprenant à la fois son équilibre et sa dignité... puis il se sauve dans la chambre des délibérations...

Retour du jury. Succès complet. L'homme a commis le meurtre sans participation de sa volonté.

L'avocat se jette dans les bras de l'accusé et le livre aux gardiens du *Lunatic Hospital* qui l'emmènent...

L'assassin est fou.

XV

— Or, mon cher monsieur, dit l'avocat qui vient d'entrer dans la cellule de l'aliéné et a attendu pour parler que le gardien se soit retiré, causons un peu.

— Volontiers, dit le fou.

— Vous n'êtes pas plus fou que moi ; vous êtes un *businesslike gentleman*, un homme d'affaires, et il s'agit de terminer nos petits arrangements.

— Je suis à vos ordres.

— Notre police est composée d'admirables citoyens, mais d'idiots. Vous les avez mis dedans, vous avez bien fait. J'ai tout compris du premier coup d'œil. Vous êtes très fort, mais je suis également très fort, nous pouvons nous entendre. Vous avez *floué* la police, j'ai *floué* le jury. A deux de jeu. Je vais vous raconter votre petite histoire. Votre récit était assez vrai pour paraître absolument invraisemblable. Tout ce que vous avez dit est absolument exact, sauf en deux circonstances. La première rentre dans la question *Quando*. Oui, vous avez tué l'homme, mais, non pas le jour où vous avez été arrêté, la veille, dans la nuit, et c'est la malencontreuse idée qui a surgi en vous de vous débarrasser du cadavre en le portant jusqu'au port, la nuit suivante, qui a été cause de vos petits désagréments... J'ai habilement profité de cette confusion, n'est-ce pas ? Bien ! maintenant ce n'est pas tout. Vous ne l'avez pas tué dans une cave, auprès du parc, mais bien ailleurs ; si bien que, si la police n'a pas trouvé de cave, c'est que la cave n'existait pas... du moins auprès du parc. Mais vous l'avez tué quelque part... et ce quelque part, c'est dans une cave auprès de l'arsenal. Est-ce bien cela ? Comment le sais-je ? Voici : le cadavre était lourd, vous l'avez laissé traîner à terre, et la boue qui tachait

ses vêtements était la boue noire des quartiers bas...
tandis qu'auprès du parc il n'y a que de la boue blanchâtre et crayeuse... tout cela est bien clair. Maintenant, il faut que vous sortiez d'ici. J'ai toute autorité sur vous, étant chargé de vous soigner et de vous guérir, si possibilité est. Menez-moi à la cave d'or et... vous comprenez !

Le fou sourit et tendit la main à son digne avocat.

XVI

EXTRAITS du *NEW-YORK STANDARD*

Effroyable accident. — *Mort de John Abraham Wilkins, le grand avocat, la lumière du barreau.*

Ce matin, juste en face de la Batterie, on a découvert, à la marée basse, le cadavre de John Abraham Wilkins, dont la mort paraît remonter à vingt-quatre heures. Le corps ne porte aucune trace de violence, et rien ne lui a été dérobé. Il est donc évident que ce décès prématuré et si regrettable est le résultat d'un accident. On avait vu d'ailleurs, la veille, John Wilkins se diriger seul du côté de la Batterie ; ses principes bien connus écartent toute idée de suicide. C'est en suivant le chemin du Couronnement que l'honorable légiste aura fait un faux pas et aura roulé dans la mer.

Combien faudra-t-il d'accidents de même nature pour que nous obtenions l'établissement d'un garde-fou en ce point dangereux ?

FUITE D'UN ALIÉNÉ

Depuis deux jours a disparu du « Lunatic Hospital » un aliéné sur lequel aurait dû cependant s'exercer la plus active surveillance ; il s'agit de l'homme qui a assassiné un vieux mendiant dans Broadway il y a quelque temps. Les recherches les plus actives ont été faites, mais sans résultat. Un témoin affirme cependant l'avoir vu s'embarquer pour le continent, il y a deux jours, sur le paquebot « le Washington ». Détail assez curieux, et qui fait douter de l'exactitude de ce renseignement, le passager dont il s'agit, et qui est inscrit au nom de Peter Wealthy, a frété à lui seul le tiers de la capacité totale du bâtiment. Il est évident que notre aliéné, qui ne possédait rien en propre, n'eût pas pu faire charger à son compte une aussi énorme quantité de bagages. Ainsi tombe l'hypothèse indiquée. Pour revenir à l'aliéné, il serait désirable qu'il fût repris le plus tôt posible, en raison de l'accès de fureur qui l'a déjà porté à commettre un crime. Nous appelons sur ce point l'attention de notre intelligente police...

MONSIEUR MATHIAS

Quand on apprit la mort de M. Mathias, ce fut, dans la petite ville de Lyre-sur-Ys, une surprise générale. Un homme de quarante-cinq ans à peine, robuste, droit comme un I, et qui — voyez la malechance — avait épousé, il y avait de cela trois ans à peine, une jeune fille de vingt ans, la propre nièce du receveur des contributions, une femme charmante et qu'il aimait comme un fou !

Naturellement, M. Mathias, étant mort, passait maintenant pour avoir eu, de son vivant, toutes les vertus. Il eût fait beau le traiter, comme naguère, d'usurier et de fesse-mathieu ! Qui se serait imaginé de rééditer certaine histoire relative à ce fameux mariage et qui n'était guère à son honneur, qui même eût rappelé la terreur vague qu'inspirait ce grand bonhomme, aux allures sournoises, riche et avare, et qui occupait, disait-on, ses loisirs à manipuler un tas de drogues vénéneuses qu'il expérimentait sur des chiens ? Il était bien question de cela ! Il était mort, paix à son âme !

Du reste, en y réfléchissant de plus près, cette mort était-elle si extraordinaire ? Évidemment M. Mathias avait des pressentiments. N'avait-il pas fait reconstruire tout dernièrement, par des ouvriers appelés exprès de Paris, la chapelle de famille qui attendait, au cimetière, ses restes mortels ? De plus, depuis quelque temps, on avait constaté qu'il paraissait inquiet. Il rôdait autour de sa propre maison, comme s'il eût redouté des voleurs mystérieux. Il séquestrait sa femme, il s'enfermait pendant des semaines entières dans le laboratoire dont la cheminée flambait, la nuit. — Prodromes d'un accident cérébral! disait d'un air entendu le docteur Labarre qui avait conclu à une apoplexie séreuse.

Bref, on avait fait à M. Mathias des obsèques magnifiques. Le tiers de la population l'avait accompagné à sa dernière demeure; et quelques yeux s'étaient mouillés, alors qu'on avait descendu dans la crypte de la chapelle funéraire le cercueil de chêne, vrai monument, où deux hommes de sa taille auraient dormi à l'aise.

On s'en revint en se demandant ce que deviendrait la veuve de M. Mathias.

*
**

Or, la vérité, c'est que M. Mathias n'était pas mort. Deux heures après la cérémonie, on aurait pu voir ceci, dans le sous-sol où la bière avait été descendue.

Deux petits bruits secs avaient résonné, comme le déclic d'un ressort, et le cercueil s'étant ouvert comme une armoire, M. Mathias s'était mis sur son séant, se détirant comme un homme qui s'éveille. D'une ouverture grillée, ménagée dans la paroi supérieure, un rayon de lumière tombait. M. Mathias s'était levé tout à fait, frottant lentement ses genoux un peu ankylosés.

En somme, il se sentait très bien, très confortable. La dose de narcotique qu'il avait absorbée, après l'avoir soigneusement mesurée, avait justement produit l'effet désiré. On l'avait cru mort, on l'avait enterré, tout était pour le mieux.

De longue date M. Mathias avait pris toutes ses précautions. Le fond du caveau était machiné très intelligemment. Il y avait là des vêtements convenables, des provisions de bouche, quelques bouteilles de bon vin, tenues très fraîches, comme chacun peut le supposer. et comme rien ne creuse plus l'estomac qu'un enterrement — voir même le sien — M. Mathias, commodément assis sur son cercueil, cassa une croûte, en buvant à l'avenir.

Car il est temps de dire pourquoi M. Mathias était là, à six pieds sous terre, de sa propre volonté.

Comme toujours, c'était une histoire de femme. Chaste jusqu'à quarante ans, M. Mathias, ancien pharmacien, enrichi par les pilules anti-spasmiques — s'était épris de la charmante Anne Piédefer, nièce du receveur de Lyre-sur-Ys. Il s'était nettement proposé à la jeune fille qui, non moins nettement, l'avait refusé, ce qui l'avait rendu amoureux comme un imbécile... pardon ! comme un homme de quarante ans qui s'avise d'être amoureux. Étant de nature déshonnête, il avait enserré le receveur dans des trames si habiles que le malheureux, au bout d'un an, sachant que la caisse gouvernementale n'était plus intacte, songea sérieusement au suicide. Alors M. Mathias apparut en sauveur et posa ses petites conditions. La nièce se sacrifia pour l'oncle qui lui avait tenu lieu de père, et cela malgré des liens très étroits avec un clerc de notaire de la ville voisine. Victime douloureuse, Anne devint Mme Mathias.

Elle avait subi jusqu'au bout toutes les conséquences de cette catastrophe. Mais M. Mathias, se rendant justice, avait la conviction qu'elle le haïssait. De là à se croire trompé, comme il le méritait, il n'y eut qu'un pas. Le soupçon dégénéra chez lui en monomanie. Sa femme ne sortait jamais, nul ne venait chez sa femme. N'importe. M. Mathias s'accusait de maladresse. S'il ne prenait pas sa femme en flagrant délit, c'est qu'il n'était qu'un niais.

Alors cette idée lumineuse avait surgi dans son cerveau : simuler un voyage, mais non pas à Versailles ou au Havre, comme les maris de comédie, un voyage beaucoup plus long et d'où le retour paraîtrait beaucoup plus difficile.

Et il reviendrait, très vivant, une de ces nuits, et confondrait l'infidèle.

Il s'était donné trois jours et pensait à tout cela, satisfait, en se recouchant confortablement dans son cercueil.

*
* *

Le troisième jour venait de finir. M. Mathias se sentait impatient. Il attendit que l'horloge du cimetière sonnât onze heures. C'était le moment.

Le plan était bien combiné. Les murs du cimetière touchaient à sa propriété. Il avait là de quoi s'habiller tout en noir, en pharmacien spectral. Il s'envelopperait du suaire dans le cimetière seulement, respect de la couleur locale. Une fois le mur franchi, il irait tout droit à la chambre de sa femme. On verrait bien !

M. Mathias fit sa toilette. puis, tout étant disposé *ad hoc*, il fit basculer la pierre tombale, grimpa dans la chapelle supérieure, ouvrit la porte et se trouva dehors, son suaire sous son bras.

Une fois dans l'allée, il déplia le vaste drap blanc et le lança en rond pour se l'appliquer aux épaules. Mais les plis étaient lourds, il manqua son coup et dut recommencer.

— Attendez ! dit une voix derrière lui, je vais vous aider.

*
* *

Il faudrait ne s'être jamais trouvé à minuit, essayant de mettre son suaire, dans un cimetière, pour ne pas comprendre combien cette surprise était désagréable.

Celui qui parlait était le gardien du lieu, le père Grimbot, un original très connu aux cabarets d'alentour. Il s'était approché de M. Mathias et, le regardant sous le nez, avait dit :

— Comment ! c'est vous ! monsieur Mathias !... Déjà !

M. Mathias, assez embarrassé, essayait de s'entortiller, pensant qu'une apparence sinistre le débarrasserait de cette fâcheuse rencontre. Mais point. Grimbot lui donnait bénévolement un coup de main et arrangeait le linceul à la bonne mode.

— Je sors de ma tombe..., commença M. Mathias d'une voix sépulcrale.

— Je le vois bien, interrompit Grimbot. Vous êtes bien plus pressé que les autres.

M. Mathias n'écoutait pas. Maintenant il marchait à grandes enjambées, sur la pointe des pieds, en fantôme.

Grimbot marchait à côté de lui, continuant :

— Oui, les autres, ça ne les prend pas tout de suite. Seulement au bout d'un mois ou deux.

M. Mathias se retourna brusquement, agitant ses deux bras :

— Va-t'en, sacrilège ! Va-t'en !

— Allons ! allons ! fit Grimbot devenu paternel. Je ne vous gêne pas... Vous avez voulu vous promener un peu... comme les camarades.

M. Mathias, troublé, allait droit devant lui, dédaignant de répondre. Il apercevait dans l'ombre la porte du cimetière. Homme de précaution, il avait quelques louis dans sa poche.

— Pas de phrases ! dit-il en tendant deux pièces d'or à Grimbot. La clef !

Grimbot recula d'un pas :

— La clef ! tu veux sortir ? (Il devenait familier !) En voilà une fantaisie ! Ah mais ! pas de ça...,

— Quatre louis ! gémit M. Mathias.

— Tu sais, toi, reprit Grimbot, ne recommence pas ou je cogne. Que tu sortes de ta chapelle, que tu te promènes, je ne m'y oppose pas. Les autres aussi sortent.

— Les autres ! qui, les autres ?

Grimbot eut un geste large :

— Les morts, donc !

— Les morts... ! qu'est-ce qui te parle des morts ? Je suis vivant, moi, vivant !

— Ouais ! la plaisanterie est forte ! mais tiens, je suis brave homme... Viens prendre un verre.

Sa main s'abattit comme une pince sur le poignet de M. Mathias qu'il entraîna jusqu'au petit bâtiment où il logeait. Il le poussa dans une pièce du rez-de-chaussée.

M. Mathias était abasourdi littéralement. Grimbot avait poussé la porte, pris une bouteille sur un dressoir, et, ayant empli deux verres, avait levé le sien en disant :

— A la vôtre, monsieur Mathias !

*
* *

— Écoute-moi, mon brave, dit M. Mathias. Tu veux plaisanter. Soit. Seulement il y a temps pour tout. Tu sais très bien que je suis vivant. Pour des raisons personnelles je me suis laissé enterrer. Mais j'ai besoin de sortir pour affaires graves. Je te paierai bien, sois tranquille...

Tandis qu'il parlait, Grimbot avait lentement tourné autour de la table et était venu s'adosser à la porte.

— Tu causes bien, ricanait-il. Ah! tu es vivant! Tu n'es pas le premier qui m'ait dit ça. J'en entends de si drôles. Vois-tu, j'aime mes subordonnés. Toutes les nuits, il y en a un ou deux qui viennent prendre un verre, sans façon. Hier, c'était le notaire, tu sais bien Radel, ton voisin... celui qui a la colonne brisée. Avant-hier, c'était Mme Claudin, une belle femme! Je suis bon drille, je les laisse prendre l'air toute la nuit, je fais un bout de causette... mais les laisser sortir! ça serait du propre!

M. Mathias devenait hagard. Grimbot parlait avec un sang-froid parfait, en fonctionnaire responsable.

Il était de taille moyenne, trapu, avec des mains de gorille. Ses yeux étaient noirs, brillants... M. Mathias eut un frissonnement. Cet homme était fou!

Oui, c'était bien cela. Il avait des visions. Il croyait son cimetière peuplé de revenants : il vivait dans un monde fantastique créé par son imagination d'ivrogne. Et il confondait! oui, parole d'honneur, il confondait!

M. Mathias se mit à parler, à plaider, à promettre, à supplier. Comment! le bon, l'intelligent Grimbot pouvait le prendre pour un vrai mort! Il éclata de rire...

— Assez! fit Grimbot d'une voix brève. Tu n'es pas raisonnable, faut rentrer!

— Rentrer! où ça?

— Chez toi, donc ! A l'angle de la troisième division...

— Dans le tombeau ! Jamais !

— Tu ne veux pas ! Une fois ! Deux fois !

M. Mathias vit frissonner les mains énormes. Il eut peur, regarda autour de lui, cherchant une issue. Une seule. La porte et devant, Grimbot, arc-bouté. Tant pis ! il fallait passer à tout prix, il se rua, criant...

Grimbot, posément, avait avancé sa main ouverte dans laquelle s'encastra la gorge de son agresseur. M. Mathias eut un hoquet et essaya de se débattre. La griffe serra. M. Mathias s'affala, suspendu à bout de bras. Il gigota encore un peu, puis resta immobile.

Grimbot, qui en avait vu bien d'autres, le jeta sur son épaule et l'emporta, de son pas digne et lent de gardien fidèle, jusqu'à la chapelle, le jeta dans la crypte, fit basculer la pierre d'un coup de pied, ferma la grille et reprit sa promenade à travers les tombes, maugréant :

— A-t-on jamais vu ! Sortir ! Et ma place !...

*
* *

C'est ainsi que la veuve de M. Mathias put épouser celui qu'elle avait toujours aimé.

TITANE

Je n'avais jamais vu son écriture. Et cependant quand sa lettre me fut remise, je n'hésitai pas un instant. Cette lettre venait d'elle, *d'elle* que je n'avais pas rencontrée depuis trois longues années, depuis qu'ignorante de l'amour profond que je lui avais voué, elle était devenue la femme de Frédéric Wertheim, du savant dont les Académies célébraient les travaux et que j'admirais trop moi-même pour oser l'envier.

Je regardais cette lettre sans l'ouvrir, et, je ne sais pourquoi, une inexprimable angoisse m'allanguissait. Etrange pensée, le papier me semblait pâle, et les lettres qui y étaient tracées, minces et noires, avaient je ne sais quelle maigreur maladive et douloureuse.

J'avais été le camarade d'enfance de Paula : je l'avais connue rieuse, un peu folle, avec ces éclairs d'enthousiasme, l'irradiation des cœurs naïfs. Oh ! alors elle ne devait pas écrire ainsi ! Comme ses cheveux capricieusement bouclés, les traits, dessinés par sa main d'enfant, devaient avoir des coquetteries joyeuses, des enroulements égayés; mais sur cette enveloppe, le jet de la plume avait la brusquerie d'un appel, et des caractères de mon nom jaillissait comme une clameur.

Fiévreux, je brisai le cachet. Un seul mot : « Venez! »

Pour qu'elle m'adressât cette prière, qui était un ordre, elle qui ne se savait pas des droits sur moi, — ces droits que je lui avais réservés à jamais dans le mystère de ma conscience — ne fallait-il pas qu'une sensation quasi-divinatoire lui eût révélé le secret de son pouvoir?

Je n'hésitai pas une minute. Paula demeurait avec son mari dans une grande propriété, à six lieues environ de la ville que j'habitais. Jamais plus je ne m'étais dirigé de ce côté, craignant de flétrir mon rêve — si respecté — à quelque réalité absurde et décourageante. Jamais plus je n'avais prononcé son nom, pour ne pas troubler l'écho si doux qui m'était resté, vibrant et cristallin, de l'adieu dans lequel, amoureusement, j'en avais fait résonner une dernière fois et pour moi seul les deux notes exquises.

*
* *

On était au premier mois de l'automne. En cette période douteuse où de la tombe d'hiver on sent déjà les bouffées sépulcrales.

Cependant, il est vrai que la morosité lourde qui assombrissait mon âme endeuillait encore davantage la nature. Et il me semblait que pour marcher en avant, j'eusse à me débattre à travers l'enlaçant réseau d'une immense et impénétrable toile d'araignée.

Combien je mis de temps à franchir cet espace, il me serait impossible de le dire.

Le château qu'habitait Paula était situé à l'extrémité d'une longue, longue allée de châtaigniers, dont les branches s'entrecroisaient et dont la rectitude, se rétrécissant de plus en plus par la perspective, éveillait l'idée d'un entonnoir. Au moment où je m'y lançai, il me sembla — hallucination rapide superposée à mes soucis — qu'au bout, dans le cercle étroit qui ressemblait à l'antre d'une mygale, m'attendait une chose en forme de masque lugubrement rieur, faite de brouillard, qui m'attirait et me menaçait.

Et l'impression sinistre de ce mirage fut si puissante, que je me rejetai en arrière, raidissant les rênes, tandis que, penché au cou de mon cheval interdit, je plongeais mes regards effarés dans cette profondeur.

Puis, avec un cri, j'enfonçai mes éperons aux flancs de la bête, la lançant dans un furieux galop de charge contre l'inconnu.

Je faillis me briser contre la grille, dont les torsions bizarres, chef-d'œuvre de quelque artiste inconnu, me firent comprendre l'illusion entrevue, et mieux encore, elle s'expliqua, quand devant cette mâchoire de fer et de bronze, aux volutes dardées en pointes aiguës, je vis debout la forme blanche et fine de Paula, qui m'espérait, tenant dans ses bras un enfant rose.

Vous dire ce qu'elle était, je ne le pourrais pas. La beauté de la femme n'est que la résultante de l'émotion de qui la regarde. Et moi, alors que mes yeux se posaient sur Paula, je sentais dans tout mon être un élan d'admiration et d'amour. Etait-ce pour ses cheveux, noirs comme le Iagatès de Lycie, que séparait en deux ailes une ligne blanche tracée par une griffe d'oiseau, était-ce pour son front un peu haut, bombé, où s'éteignaient les rayons gris de ses yeux mourants, était-ce pour cette bouche, dont les lèvres, seules empourprées, mettaient une lumière rouge dans ce visage blanc ! Que sais-je ? Je ne dis rien, je m'inclinai, et, frémissant, baisai le pan de sa robe.

Elle, sans répondre à ce silence dont elle comprenait sans doute l'adoration, m'adressa un signe.

Je la suivis, à travers l'allée dont le caillou blanc craquait sous mes pieds et se taisait sous sa marche éthéréenne.

Arrivée au perron, elle se pencha un instant, prêtant l'oreille.

Sans doute elle n'entendit rien, car, délibérément, elle poussa la porte d'ébène qui glissa sur un tapis épais. Et un instant après, nous étions dans un petit salon, éclairé par des vitraux qui mettaient à nos vêtements des lueurs d'escarboucle et d'émeraude.

Et elle me dit :

— Écoutez-moi !

C'était les premiers mots qu'elle prononçât ; et sa voix sombrée, indolemment triste, me frappa comme si elle jaillissait de quelque profondeur immesurée. Alors que je touchais presque sa main, elle me parlait comme de loin. Et sans doute mes yeux exprimaient ma stupeur attristée, car elle reprit hâtivement :

— Je vous ai appelé. Vous êtes l'ami de ma jeunesse. Peut-être plus. Il est entre nos âmes un lien détendu, mais non brisé. Cela est vrai, dites ?

D'un battement des paupières, je lui répondis.

— Il y a trois ans, dit-elle sans s'arrêter aux préambules qui sont les lâchetés de l'aveu, il y a trois ans que je suis devenue la femme de Frédéric. Dans mes pensées d'enfant, cet homme, qu'on appelait déjà un Maître, était de ceux auxquels nul ne peut résister. Il s'empara de moi par un mot. Son regard me conquit et je me sentis saisie par sa volonté.

« Ma faiblesse était fière de s'appuyer à cette force : je rêvais des soumissions orgueilleuses à cette énergie, qui dominait tout. Je parle de tout cela, parce que je sais — je sais, entendez-vous — que vous m'avez aimée, que vous m'aimez encore, que vous m'aimerez toujours, comme moi-même je vous aime et vous aimerai...

— Paula !

— Ne vous méprenez pas au sens de mes paroles. Aucune pensée coupable ne peut ni ne doit nous effleurer. Nous sommes unis l'un à l'autre par la débilité même de nos volontés. Nous sommes faits pour marcher côte à côte, en nous donnant mutuel appui. De nous deux, nul ne peut avoir ascendant sur l'autre. C'est pourquoi aujourd'hui je vous ai appelé comme la moitié de moi-même, parce que ma défaillance a besoin d'un soutien, pour reconquérir son équilibre...

— Mais que se passe-t-il donc? Frédéric?...

— Frédéric est bon, Frédéric m'aime, Frédéric est le premier entre tous, l'époux et le père!

— Alors, fis-je un peu dépité, je ne comprends pas...

Elle me reprocha d'un geste cette irritation injuste, et sa voix qui tintait comme une cloche de village entendue à l'horizon :

— Ne m'interrompez pas, je vous en prie. Un mot vous expliquera tout. J'ai peur... peur de tout, peur de lui surtout!... Pourquoi? Ah! si je pouvais vous le dire, si je devinais moi-même... mais justement cette épouvante qui m'envahit chaque jour, chaque nuit davantage, n'est poignante que parce qu'elle est inexplicable...

Je me mis à rire.

— Terreur! épouvante!.. des mots.

— Les mots qui résonnent dans notre cerveau, sans que notre raison en saisisse le sens, ont des échos funèbres. Pourquoi souriez-vous? Ne savez-vous pas que le *mystère* est plus fort que la raison, et qu'il sort de l'inconnu des angoisses fatales.

Malgré moi, et bien que je voulusse, dans ma vanité, garder l'apparence du scepticisme, je me sentais misérablement anxieux.

Et baissant la voix, je l'interrogeai plus doucement, inquiet des mots qui allaient donner corps à cette peur ambiante.

Voici ce qu'elle me raconta :

Depuis six mois environ, c'est-à-dire depuis la naissance de son enfant, Frédéric qui jusque-là avait porté haut la tête, comme un lutteur qui pressent la victoire, s'était tout à coup assombri. De quel problème poursuivait-il la solution? Quel combat avait-il osé entreprendre? Taciturne, il se taisait, et aux questions de sa femme il ne répondait que par des coups d'œil hagards, comme s'il l'eût suppliée de ne pas réveiller quelque souvenir de détresse.

Pendant des jours, pendant des nuits, il restait enfermé dans une serre élevée à grands frais, au fond du parc.

Il arrivait que des semaines se passassent sans qu'il parût au château. Ou bien, la nuit, il se glissait dans la chambre de sa femme.

Elle l'avait épié, alors qu'il la croyait endormie. Elle l'avait vu, il était sur un siège, les yeux fixes, fasciné par quelque effroyable vision.

Il y avait sur sa physionomie contractée l'expression d'une *horreur* indicible. Tout son être grelottait, et ses mains, agitées de mouvements convulsifs, avaient l'air de repousser quelque ennemi invisible. Puis — oh! elle l'avait étudié avec soin pendant ces quelques instants — il avait un geste de résolution dominatrice, triomphante. Et, se dressant brusquement, il s'enfuyait... Paula s'était élancée à la fenêtre, et elle l'avait vu courir vers la serre dont les feux, jamais éteints, luisaient comme un phare.

Franchement, hardiment, elle l'avait interrogé. Que

se passait-il là-bas, à cet angle isolé du parc ? Pourquoi se refusait-il obstinément à ce que nul y pénétrât !

Et, avec le même frisson, il l'avait durement repoussée.

Alors, courageusement hypocrite, elle avait tenté de savoir la vérité. Et elle avait appris une chose étrange. Chaque jour, Frédéric faisait acheter par l'intendant plusieurs livres de viande fraîche et il les emportait le soir, dans la serre.

Jamais aux environs du pavillon le moindre détritus n'était retrouvé !

Qui donc nourrissait-il ? Était-ce donc quelque animal dangereux, inconnu, auquel il s'était astreint à donner lui-même sa pâture quotidienne, une créature avec laquelle il s'était résigné à vivre dans l'isolement d'une poursuite scientifique ? Et qu'était-ce donc que cette lutte, dont témoignaient ses rébellions, dans des solitudes nocturnes ?

Devenait-il fou ?

Cette pensée avait percé comme une épée de glace l'âme suppliciée de Paula.

Elle n'avait plus osé l'interroger, à mesure que l'angoisse creusait plus profondément son visage ; il s'éloignait d'elle. Jamais plus il ne venait, comme autrefois, se reposer, dans l'intimité des causeries, de ses travaux énervants. Parfois seulement elle l'apercevait, hagard, rôdant à travers les hautes futaies, la tête nue, lançant ses poings vers le ciel.

Enfin — et ceci dépassait le suprême tourment — une

nuit, alors qu'elle dormait, il était venu, de son pas sans écho, dans sa chambre. Elle avait senti que quelqu'un était là, et elle avait ouvert brusquement les yeux. Frédéric, debout, dardait sur le berceau de l'enfant des regards de fou, et dans ses mains il y avait des spasmes de supplication.

— Frédéric ! Frédéric ! que faites-vous à cette heure ?

Il avait poussé une imprécation brutale et, encore une fois, s'était enfui !...

*
* *

Voilà ce que Paula me raconta, et à mesure qu'elle avait parlé, j'avais senti descendre en ma poitrine une fraîcheur rassurante.

Qu'était-ce après tout? un état morbide, une surexcitation causée par l'excès du travail !

J'avais été naguère l'ami, l'élève de Frédéric, et bien souvent je l'avais écouté, alors que, d'un élan dont l'audace m'émerveillait, il plongeait dans l'Hypothèse. N'étais-je point un médecin, et ne savais-je point regarder en face l'ennemie, la Fièvre !

Donc je la rassurai de mon mieux.

Et, sûr de mon éloquence et du droit de la raison, je me perdis dans le parc à la recherche de Frédéric.

La nuit tombait. Mais j'avais secoué l'oppression première. Je me redressais dans une inexprimable fierté, en ma mission de protection et de salut. J'allais à travers les allées crépusculaires, m'affermissant à chaque pas dans mon devoir.

Bientôt j'aperçus la serre dont Paula m'avait parlé. Elle était vaste et bien construite, faite de pavillons à dômes arrondis, qui se pressaient l'un contre l'autre, comme les coupoles d'un bain turc. Sous les derniers reflets du jour, leurs vitres s'aciéraient de plaques luisantes. Là était le mystère. En vérité, j'étais près de rire de ces craintes d'enfant. Est-ce que je ne connaissais pas les influences épuisantes, brûlantes, des recherches scientifiques ?

Comme je pensais à cela, j'entendis marcher précipitamment derrière moi.

Je me retournai brusquement.

Dans la pénombre voilée des arbustes, je vis Frédéric, ou plutôt je le devinai.

Hardiment, j'allai à lui :

— Ami, lui dis-je, me reconnais-tu ?

Il s'arrêta brusquement.

— Frédéric, repris-je, c'est moi ! j'ai la main tendue et m'étonne de n'y pas sentir la tienne !

*
* *

Alors guidé — à ce qu'il me sembla — plutôt par le son de ma voix que par le regard, il se pencha et, d'une voix rauque, brisée, qui ressemblait au craquement d'une branche trop rudement ployée :

— Toi ! que me veux-tu ? Va-t'en !

— Hé donc ! est-ce ainsi que tu me reçois après une si longue absence ? Ne te souviens-tu pas de nos anciennes amitiés ?

Il était indécis, piétinait sur place. Je vis alors qu'il portait à son bras un panier qui paraissait assez lourd.

— Je ne puis m'arrêter, dit-il. Laisse-moi passer.

— Certes, tu passeras, repris-je, mais tu ne m'empêcheras pas, je suppose, de te suivre pour que nous retrouvions quelque bonne causerie d'autrefois...

Il eut un ricanement singulier :

— Me suivre, toi !.. Allons donc !...

— Sur mon âme, caches-tu dans ce palais de verre quelque trésor dont tu sois si jaloux !...

De sa main libre, il me saisit le bras. Et comme je me taisais, il se courba prêtant l'oreille : il me sembla percevoir un son singulier, quelque chose comme un glissement de reptile :

— Elle m'attend ! fit-il d'un accent où je devinais une terreur mal réprimée, il *faut* que je passe...

— Encore une fois, entrons ensemble !...

Il sembla hésiter encore. Puis avec un geste décidé :

— Viens donc, fit-il. Aussi bien toi seul peut-être pourrais me défendre, si...

Il n'acheva pas. Mais comme sa main avait glissé sur la mienne, je sentis qu'elle était glacée, comme la neige durcie.

Il m'entraînait maintenant.

Nous arrivâmes devant la porte de la serre. Il tira une clef de sa poche et ouvrit le panneau de verre. Et comme je m'avançais, ne distinguant encore rien autour de moi, il me retint avec une sorte de violence.

— Sur ta vie, chuchota-t-il, ne bouge pas !

En dépit de mon assurance, je sentis un singulier

malaise m'envahir. Encore j'entendais ce froissement bizarre qui tout à l'heure m'avait frappé. C'était un glissement lent et d'un bruit pareil à celui d'une feuille de papier sur une plaque de marbre.

Tout à coup, sans que je visse par quel moyen Frédéric avait agi, une lueur éclatante, aveuglante, éclaira la serre... et horrifié, les cheveux hérissés au crâne, je me collai contre la porte, les mains cramponnées aux armatures de fer.

*

Au milieu d'une salle, toute tapissée de plantes aux formes fantastiques, un être, un cauchemar, une Chose se dressait... hydre, poulpe, pieuvre... qui eût dit son nom ? Cela était hideusement accroupi sur le sol, dans une vasque énorme remplie de mousses spongieuses et gluantes... Cela avait la forme d'une outre colossale, et des bords de cette outre pointaient de longs bras innombrables, au bout desquels des boules, glauques comme des yeux... l'outre était verte, les bras avaient des reflets pourprés, et à mesure qu'ils s'effilaient pour finir en ces yeux atroces, le rouge sanguinolent se mêlait à la verdeur des cadavres putréfiés.

Et... fermai les yeux, sentant au cœur une étreinte sinistre...

Seulement, j'entendis encore le glissement dont j'ai parlé, et je devinai que c'étaient ces bras qui s'étendaient ou se repliaient...

Cependant, surpris de n'avoir pas été saisi par ce

quelque chose, si hideux et si puissant, je fis un effort surhumain et je regardai.

Frédéric, livide, avait tiré du panier qu'il avait emporté un morceau de viande, et avec d'infinies précautions — juché sur la pointe des pieds comme s'il redoutait que sa main fût touchée par ces tentacules horribles — il le plaça sur l'extrémité de quelques-uns de ces bras mouvants.

Et soudain, comme par l'effet d'un ressort, les bras se replièrent, entraînant le lambeau qui fut ainsi porté à d'autres bras plus courts, que je vis alors et qui partaient d'un nouveau cercle intérieur ; et ceux-ci, ayant saisi la chair, la transmirent — puis-je employer une autre expression — à d'autres bras, ainsi jusqu'au centre. Et en même temps, tous ces bras repliés sur le centre emprisonnèrent le morceau que je ne vis plus.

Frissonnant, la gorge serrée, je fixai mes yeux sur Frédéric.

Son front ruisselait de sueur, ses dents claquaient... la bête démoniaque était immobile maintenant, acharnée à sa déglutition monstrueuse...

— Elle mange ! elle mange ! cria-t-il ! Titane se repaît !

— Titane ? répétai-je en le considérant avec stupeur.

— Ah ! tu ne sais rien ! tu ne comprends rien ! ne la reconnais-tu pas ? Regarde, regarde ! en ce moment, elle est domptée...

Et dans un éclatement subit de ma compréhension, je vis ce qu'était cette bête...

C'était une Drosera gigantesque, c'était la plante carnivore poussée à un développement fabuleux, colosse végétal, création inouïe... et je criai son nom :

— Pendant une heure environ, elle sera ainsi, me dit Frédéric. Ah ! je sais pourquoi tu es venu ! On me croit fou ! non, ce n'est pas vrai !... fou, moi, moi, qui, par un miracle de persévérance, par un chef-d'œuvre de sélection, ai agrandi la Drosera jusqu'à cette taille formidable... Tu le vois, le monstre... dans un instant il tendra encore vers moi ses tentacules avides... et il faut que je le nourrisse... il faut que je le gave... sinon...

Et il regarda autour de lui avec épouvante.

— Sinon ? demandai-je.

— Écoute, me dit-il. Tu vas connaître mon secret. Tu sais avec quelle ardeur j'avais étudié les découvertes de Nitschke, de Warming, de Darwin sur ces plantes étranges, intermédiaires entre le végétal et l'animal, qui s'emparent des insectes, les saisissent, puis les engluent, les étouffent et lentement s'en nourrissent... Oh ! j'ai bien compris les conséquences de ces bizarres études... je n'ai pas douté un seul instant... et je me suis dit que la Drosera, la Dionée, le Drosophyllum sont — entends-moi bien — des dégénérescences des animaux monstrueux, dont les formes effrayantes sont restées dans la mémoire des peuples primitifs... Hydres, chimères, vouivres, dragons... tout cela a existé, l'imagination humaine n'a rien créé... mais, par des adaptations climatériques, en raison de bouleversements géologiques, ces êtres, aux formes abominables, privés de la nourriture qui leur était nécessaire, sont retombés, par un atavisme en retour, à la forme végétale... immobilisés, rattachés au sol par des racines; parce qu'ils ont dû aller chercher leur aliment premier dans la terre, ils sont redevenus plantes... conservant seulement l'aptitude suprême, seul vestige de leur vie passée, la nutrition animale...

« Eh bien ! moi, j'ai voulu reconstituer l'être atrophié... j'ai voulu que la plante redevînt la bête... Oh ! que de tentatives ont échoué !... Enfin le hasard — car toute notre science n'est que hasard — m'a livré une Drosera d'une taille exceptionnelle... et je l'ai nourrie, et je l'ai imprégnée des sucs animaux... peu à peu elle s'est développée... Triomphe de la déduction !... l'hydre, le dragon a revécu...

« La vois-tu, ma Titane énorme et sublime ! La vois-tu, féroce dans sa faim que je ne puis assouvir !... »

Et à ce moment, sur deux tentacules qui se redressaient, il jeta une pâture nouvelle. — Mais tu ne sais pas tout, me dit-il à voix basse. Si Titane avait faim... je l'ai deviné, moi... en cette période de force, d'accroissement où elle est parvenue, elle s'arracherait au lien qui la retient encore au sol, là, au fond des mousses.

« Et alors, animal exécrable et vainqueur, elle s'échapperait d'ici... elle irait à travers les campagnes, traînant son énormité visqueuse... et ce qui est mon chef-d'œuvre deviendrait mon crime !... Et je serais maudit !

« Je ne veux pas qu'elle s'échappe... je veux qu'elle reste prisonnière... et, attentif, dans la crainte qu'elle n'ait faim, je veille... Quelques minutes de retard, et je *sais* qu'elle s'élancerait, pieuvre odieuse, à travers le monde... menaçant la femme, l'enfant! mon enfant!

« Qu'elle mange! qu'elle mange! il le faut! pour qu'elle ne *veuille* pas s'évader! »

Et encore je le vis lancer les quartiers de viande. Et dans les fibres de la plante atroce passaient les flots pourpreux du sang dégorgé...

*
* *

A ce moment, et comme je restais aphone, écrasé sous l'intensité de ma répulsion, la porte de la serre, que j'avais mal refermée, s'ouvrit brusquement.

Et Paula parut!

Son courage avait été plus fort que sa peur. Maintenant qu'elle me savait là, elle avait eu l'audace de violer le secret de la serre...

— Frédéric! cria-t-elle.

Mais à cet appel une clameur horrible répondit.

Dans un brusque mouvement de recul, inconscient du danger, Frédéric avait posé la main sur les tentacules de Titane.

Et avec une rapidité formidable, toutes les trompes hideuses s'étaient abattues sur cette main, attirant le poignet, l'avant-bras...

Horreur ! je le voyais humé par cette succion irrésistible... je le saisis à bras le corps, m'efforçant de l'ar-

racher à l'embrassement épouvantable de Titane...
mais la bête était plus forte que moi...

Alors mes yeux rencontrèrent une hache qui gisait à terre...

— Au pied ! au pied ! criai-je à Paula. Coupez ! Tranchez !

Avait-elle compris ? Je ne sais. Mais elle obéit. Si faible, elle mania nerveusement l'outil d'acier, et frappa... et si juste qu'elle coupa, à travers les mousses, la racine de la plante... qui sembla faire un effort pour se soulever, pour s'élancer peut-être, et, impuissante, subitement, s'affaissa avec un bruit flasque de linges mouillés, et au même instant des tentacules détendus j'arrachai le malheureux...

Et je vis — chose horrible — sa main et son poignet qui n'étaient déjà qu'une bouillie sanglante...

Paula l'avait saisi dans ses bras.

Il ouvrit les yeux et, dans un dernier spasme, les fixant sur moi, il ne dit que ces mots :

— Assassin ! tu as tué Titane !

Et il tomba à la renverse, mort !

. . . .

Je suis resté le frère de Paula et j'ai adopté l'enfant.

BARABI-BIBARI

J'ai réussi. C'était fort simple d'ailleurs. Mon but était celui-ci : commettre un crime, en profiter et rester impuni. Programme clair et que j'ai rempli de tous points. Il faut que je vous conte cela. Sans fausse modestie, je crois avoir déployé quelque ingéniosité.

Le crime d'abord. Voici. J'ai épousé une jeune fille pauvre. J'étais employé; deux mille deux cents francs par an. Situation moyenne, mais dont je me contentais fort bien. J'ai toujours eu des goûts modestes. Ma femme était orpheline. Elle avait une sœur. Marie et Blanche, deux jolis noms. J'avais épousé Marie. Blanche vivait avec nous. Tout était bien. Un fils d'abord, puis une fille. On me donna trois mille francs. Je n'avais pas à me plaindre.

Un jour un notaire m'écrivit. Je fus très surpris. J'avais eu, je l'avoue, peu de rapports avec ces honorables officiers ministériels. Ma surprise ne fit qu'augmenter lorsque le digne tabellion m'apprit qu'un certain négociant de Calcutta, frère du père de ma femme... et de sa sœur, autrement dire leur oncle à toutes deux, leur avait laissé en héritage un million.

C'est-à-dire cinq cents mille francs à chacune... barabi... bibari... Tiens ! pourquoi écris-je donc cela..? bara... biba... un demi-million pour ma femme.

.*.

La succession fut promptement réglée. J'avais vingt-cinq mille livres de rente. Je donnai ma démission, et j'organisai à nouveau ma vie. Cinq cent mille francs, c'est un chiffre. La sœur de ma femme avait une somme égale. On mit la maison sur un bon pied. Domestique, voiture. J'ai toujours aimé les arts. J'achetai quelques tableaux de bon choix. Il me plut aussi de me faire habiller pour la première fois par un tailleur en renom. J'avais très bon air, je vous jure. J'ai le pied fin et la main petite, de beaux cheveux. Je suis ce qu'on appelle un bel homme... barabi... bibari... Seulement au bout de très peu de temps, je me sentis profondément vexé que la sœur de ma femme nous eût pris un demi-million. J'aurais éprouvé une satisfaction réelle — je ne le dissimule pas — à avoir le million tout entier... d'autant que j'avais des charges, une femme, des enfants et que cette vieille fille n'avait à penser qu'à elle seule. Ce fut alors que l'idée me vint de la tuer. Ma femme était sa seule héritière. Dès qu'elle aurait disparu, le million nous serait revenu intact, et j'en aurais fait bon usage. Voilà ce que je me disais le soir en causant avec les deux sœurs. Je pris alors la résolution d'assassiner Blanche. Seulement, étant intelligent, j'appliquai tous mes soins à trouver moyen de commettre ce crime sans aucun danger. Je lus tous les recueils des causes célèbres, et j'acquis bien vite cette conviction que les assassins s'étaient toujours trahis par le soin même qu'ils mettaient à dissimuler leurs intentions criminelles. Barabi... bibari... c'est singulier, ces syllabes qui reviennent toujours dans ma tête et sur mes lèvres, sans que je sache pourquoi.

* *
*

J'ai toujours eu un faible pour la lecture des livres de science, particulièrement des traités de médecine. Je parcourais volontiers le manuel des *Hallucinations* de Brière de Boismont, la *Folie* de Morel, le *Crime et la folie* de Maudsley. Ce fut dans ce dernier ouvrage que je trouvai l'esquisse d'un plan très ingénieux et très utile dans la conjoncture. Et voici ce que je fis.

Un matin, je me présentai chez le docteur Laussedat, le plus grand aliéniste des temps modernes. Il me reçut très poliment, et je lui dis :

— Docteur, je viens vous faire un aveu terrible... je suis heureux, je suis riche, j'adore ma femme et mes enfants, je n'ai aucun motif de colère ni de haine contre qui que ce soit, et cependant je suis parfois dans une situation épouvantable.

Je parlais d'un ton saccadé, les yeux un peu agrandis. Mes lèvres avaient des contractions intermittentes.

Le docteur me regardait attentivement.

— Continuez, me dit-il.

Je baissai la tête et, d'une voix sourde, je repris :

— Parfois, quand je suis au milieu de ma famille, je suis tout à coup saisi d'un désir forcené de tuer quelqu'un. Il se livre en moi un effrayant combat. Je sens ma main comme invinciblement attirée vers le couteau qui est à côté de moi, à table... Qui voudrais-je tuer? je l'ignore. Ma femme, mes enfants, ma belle-sœur? Dans mon hideux cauchemar, je ne choisis pas... je résiste quelque temps, redoutant toujours qu'on lise dans mes yeux l'horrible secret qui me hante. Je ferme mes mains et m'enfonce les ongles dans la chair, pour me réveiller...

« Les premières fois, une impression physique a suffi à dissiper cette hallucination. Sans affectation, je me levais, j'allais dans ma chambre. Une affusion d'eau froide sur le front me rendait le calme. Le spectre disparaissait, et je revenais souriant.

« Mais depuis quelque temps, les accès sont de plus en plus fréquents. Je sens que la résistance de ma volonté et de ma raison faiblit... je commence à redouter qu'un jour je me rue sur un de ceux que j'aime et que je lui plonge un couteau dans la poitrine... Docteur, je suis venu vous faire ma confession... j'ai peur de moi... pouvez-vous me sauver. »

M. Laussedat m'écoutait avec la plus grande attention :

— Dites-moi, fit-il, n'avez-vous pas remarqué quelques symptômes précurseurs de ces crises?

— Si fait, répondis-je. D'abord c'est une pesanteur de tête, comme si mon cerveau était trop lourd et roulait dans la boîte osseuse de mon crâne... et puis une constriction de la poitrine, un resserrement des côtes... puis certains accidents...

— C'est bien, reprit M. Laussedat. Je vous affirme que votre cas est des plus guérissables. Suivez exactement le traitement que je vais vous prescrire, et je réponds de vous...

Il écrivit une longue ordonnance que j'emportai après lui avoir adressé mes plus vifs remerciements. Bibari... barabi... bi... ba... ri... Ça m'ennuie, ce refrain.

*
* *

Je suivis ponctuellement, en apparence bien entendu, les instructions du docteur. Mon cabinet s'encombrait de fioles. Ma femme s'inquiétait. Je la rassurai de mon mieux. De temps en temps je fixais sur elle des yeux hagards. Elle me questionnait. Je répondais évasivement. Je laissai passer ainsi trois mois. Au bout de ce temps, je retournai chez le docteur.

— Eh bien! me dit-il du plus loin qu'il m'aperçut, j'espère que vous avez chassé les papillons noirs...

Je fondis en larmes.

J'étais une victime de la fatalité. Loin d'être guéri, j'étais en proie à des accès de plus en plus fréquents...

j'étais obligé de m'enfuir de chez moi, de faire de longues courses à travers la ville; parfois la fatigue suffisait pour me calmer. Mais le flot montait, montait... j'avais aux lèvres comme un goût de sang.

— Monsieur, lui dis-je enfin, je viens vous demander un grand service.

— Je suis à vos ordres, me répondit-il d'un ton où perçait la pitié.

— Je vous supplie de me faire enfermer dans une maison de santé...

Il ne parut pas surpris outre mesure de ma demande.

— Et dans quel but?

— Je sais, repris-je, *je sais* que je suis à la veille de subir une crise terrible. Les symptômes que je vous ai énumérés sont plus violents que jamais... et demain peut-être, je sens que je ferais un malheur... faites-moi enfermer. On me soignera comme un aliéné, par des douches, par la camisole de force... Je veux guérir, m'écriai-je en sanglotant, aidez-moi... sauvez-moi!

L'éminent praticien était ému. Il s'intéressait à ce sujet physiologique. Je continuai :

— Seulement, lui dis-je, pour ne pas inquiéter ma famille, je voudrais qu'elle ignorât l'horrible extrémité à laquelle je dois me résigner. Je prétexterais un voyage d'affaires, devant durer un, deux, ou trois mois... je disparaîtrais pendant ce temps, écrivant toutes les fois que la lucidité de mon esprit me le permettrait. Puis quand le traitement — aussi énergique que possible — aurait eu raison de mon état morbide, je rentrerais chez moi, et je reprendrais ma place au foyer familial, sûr cette fois de ne pas l'ensanglanter.

M. Laussedat me palpa, m'ausculta, étudia le jeu de mes organes, et finalement me déclara que j'avais raison. Je n'avais aucune lésion; mon cas était tout simplement une névrose, absolument guérissable, il tenait à me le répéter. Il consentait à se prêter à la supercherie que je méditais. Il me placerait dans une maison de santé dont il avait la haute direction, et il était convaincu que quelques semaines de soins rétabliraient mon équilibre cérébral...

Je rentrai chez moi, je n'eus pas de peine à persuader ma femme de la nécessité d'un voyage. Elle avait remarqué en moi certaines inquiétudes, certaines bizarreries qu'un déplacement ferait disparaître...

J'entrais le lendemain dans la maison de santé... barabi... bibari!... elle était luxueuse, bien installée. Cela me coûtait cher... barabi... damné refrain! il m'exaspère!... Et pourquoi? pourquoi?

*
* *

Je restai deux mois dans la maison. Au bout de quinze jours, je simulai un accès assez violent. Je me jetai sur un des infirmiers, cherchant à l'étrangler... je subis le supplice des douches, me tordant comme un convulsionnaire. Puis je me calmai, et peu à peu je rentrai dans mon état normal. On me garda six semaines en observation. M. Laussedat ne faillit pas un seul jour à me rendre visite, et constata bientôt l'amélioration sensible qui se manifestait en moi. Je riais *in petto*. Je savais qu'il était très flatté, parce que mon cas rentrait exactement dans les théories qu'il avait plusieurs fois exposées sur la guérison des fous par leur propre volonté. Il me félicitait de mon énergie et m'encourageait. Je montrais une docilité exemplaire. Je le tenais soigneusement au courant de symptômes imaginaires qui prouvaient ma guérison prochaine et définitive, disparition de toute céphalalgie, liberté de respiration, rétablissement des fonctions normales.

Un jour, il me dit que j'étais définitivement guéri et m'engagea à retourner dans ma famille. Je lui demandai de m'autoriser à rester encore un mois en observation. Il m'approuva, tout en ajoutant que c'était là une précaution qui selon lui était inutile.

Enfin, je repris ma liberté et je rentrai chez moi. Ma femme, ma belle-sœur, mes enfants et mes amis me firent fête. Je leur avouai à demi la vérité. Je dis que j'étais allé suivre un traitement pour une affection de poitrine, que si je n'en avais pas parlé, c'était pour ne pas les inquiéter et je me déclarai parfaitement guéri. Le fait est que j'avais une mine superbe... Ce temps de repos m'avait fait grand bien.

Tiens... où en suis-je donc ? Barabi... bi... bi... ba... bibari ! une, deux, trois... bibari !... j'ai mal à la tête.

Quatre mois après avoir repris ma place à la table de famille, comme ma belle-sœur était à ma gauche, je lui plongeai mon couteau dans la poitrine, en plein cœur... puis, poussant des hurlements affreux, je me roulai à terre... L'accès dura — parut durer — cinq minutes au plus, après quoi, je revins à moi et me mis à pleurer...

On m'arrêta. Personne, sauf M. Laussedat, ne pouvait soupçonner la cause de mon crime.

Justement au moment de la catastrophe — dont j'avais soigneusement choisi le jour — M. Laussedat était absent de Paris, si bien que l'instruction suivit son cours.

Aux questions du juge, je répondis que j'avais agi sans le vouloir sous l'impulsion d'une force que je n'avais pu vaincre. Naturellement on me répondit que je simulais la folie...

Alors, comme succombant à la honte, je parlai de M. Laussedat. On s'empressa de l'appeler.

Avec une loyauté sur laquelle je comptais bien, il raconta tout ce qui s'était passé, il dit la franchise dont j'avais donné tant de preuves, les efforts surhumains que j'avais tentés pour combatre le mal, mon séjour à la maison de santé.

Pour les esprits les plus prévenus, la monomanie homicide était évidente. Les grands aliénistes, Esquiros, Pinel, avaient rapportés des observations identiques à mon cas. (Je le savais bien, puisque c'était ces observations qui m'avaient permis de bâtir mon plan.)

14.

Comme j'étais riche et assez en vue pour qu'on craignit d'être taxé de partialité, si j'avais bénéficié d'une ordonnance de non-lieu, je dus passer aux assises.

Mais la plaidoirie était trop facile. Je fus acquitté à l'unanimité, seulement le Tribunal décida que, par mesure de précaution, je serais enfermé dans une maison de santé pendant un temps dont les médecins aliénistes resteraient juges.

Entre temps, ma femme avait hérité de sa sœur. Le million était à nous. Nul ne songea à ce détail, auquel je songeais, moi !

M. Laussedat avait déclaré au Tribunal que, selon toute apparence, l'explosion de la crise laissait l'espérance d'une guérison définitive.

Et je fus enfermé dans la maison de santé...

J'y suis... je ris... on m'y retiendra environ un an. Un an pour cinq cent mille francs, c'est bien. Barabi... bibari... ri... ri... comme je les ai roulés tous, hi ! hi ! Barabi... mais pourquoi, pourquoi ce Barabi... bibari... que signifie bi... que signifie ba... biba... bari... j'ai soif... Hum ! hum ! une grenouille ! le docteur a bien avalé mon histoire... barabi... Avouez que c'était bien combiné... Hé ! hé ! hé ! biba... babi.. je me suis moqué de la folie... il faut... biba... du courage... ribiba... et si la folie se vengeait !... ba... ba... ba... Oh ! il n'y a pas de danger... j'ai toute, toute, toute ma raison... bibari... barabi... bi... bi... je ne suis pas fou !.. je le sais bien... les ai-je assez fichus dedans... Hon, hon, hon... do mi do fa... je suis l'empereur !.. bibari... barabi... l'oiseau s'envo... o... o... o... le... barabi... bibari... content !.. ga... ga !... Hou !... Barabi... bibari !... bi... bonjour, madame... biba... la douche! non ! non ! je ne veux pas... au secours ! barabi... bibari... ri... ri... ri... je suis un malin, moi !

COURSE-VOL

Je t'écris, cher ami, sous le choc d'une douleur compliquée d'épouvante qui, peut-être, atténuera en moi la faculté de rendre clairement mes pensées. Je solliciterais donc toute ton indulgence si, hélas! elle ne me devait pas être acquise d'un seul coup par cette foudroyante nouvelle : Lionel est mort!

Il est mort, dans un accident épouvantable, à quelques pas de moi, par l'imprudence d'un ivrogne qui, du reste, à péri lui-même, dans l'incendie allumé par cet alcoolique qui fumait sa pipe sur des bottes de paille sèche.

Mais, si je puis dire, Lionel est doublement mort : car il emporte avec lui un secret admirable, la solution du problème le plus ardemment creusé à notre époque. L'appareil qu'il avait construit, résultat de tant de recherches et de travaux, a été consumé pendant que le malheureux savant était asphyxié par la fumée, puis saisi et carbonisé par la flamme. Quand je songe que cet enthousiaste — qui n'était pas un névrosé, — se fût résigné à la mort, pourvu que son invention lui survécût, je ne puis ne pas pleurer. Car je sens que dans son dernier spasme, cet anéantissement de son œuvre a dû centupler ses tortures.

Mais je vois que je m'égare. Mieux vaut te dire tout ce qui s'est passé et te répéter, autant du moins que me le permettra ma mémoire troublée, les dernières paroles qu'il m'a adressées. Il ne prévoyait pas alors l'horrible catastrophe qui allait briser tous ses projets, et certes pareille crainte était bien loin de ma pensée. Mais la fatalité nous guette à tous les coins de la vie.

*
* *

J'étais dans mon cabinet. Tu connais ma petite maison. Juchée sur une côte qui s'en va doucement jusqu'aux bords de la Sorgue, elle domine plusieurs lieues de pays. Juste en face de moi, je vois, quand je travaille, le long ruban blanc de la route qui descend vers le pont d'Aignies, à plus de trois kilomètres. Cette route, par suite des accidents de terrain, se contourne et, en certains points qui servent de repères à ma rêverie, disparaît derrière les massifs de peupliers et d'acacias.

J'ai dit bien souvent en riant qu'il serait impossible à un visiteur de me surprendre : car, les voitures faisant absolument défaut dans le pays, il faut bien, pour venir chez moi, déboucher du pont sur la route. Or, j'ai fait cette remarque que, quelle que soit ma préoccupation, si un point noir surgit à la tête du pont, j'ai acquis la faculté de reconnaître immédiatement si le piéton est un paysan ou un citadin. Malgré la distance, je reconnais la forme du vêtement, du chapeau, et si la mise me révèle autre chose qu'un villageois, alors je m'arme de ma longue-vue, et, ayant bien vite reconnu le bienveillant qui s'est mis en tête de me venir rendre visite, véritable pèlerinage amical, j'ai encore une demi-heure devant moi pour préparer une réception fraternelle, ce qui n'est pas sans provoquer de la part de l'arrivant des effusions surprises et satisfaites.

Donc, comme l'homme du *Corbeau* d'Edgar Poë, j'étais en train de compulser un vieux recueil de légendes ignorées, me laissant bercer en des rêves indécis, quand l'instinct que j'ai dit me fit lever la tête.

A l'entrée du pont, je vis un point noir, ou plutôt une boule brune, quelque chose de forme singulière, anormale et que je ne pouvais qualifier d'un mot. Me détournant, je saisis ma lorgnette marine et la dirigeai sur la route, à l'endroit qui venait d'attirer mon attention. Et combien je fus surpris de ne plus rien voir ! Je visai en deçà, au delà.

Rien. Cependant l'objet ou l'être avait eu à peine le temps d'avancer de quelques mètres. Machinalement je pointai ma lorgnette en amont de la côte, et, stupéfait, j'aperçus la forme noire qui déjà se trouvait à plus d'un kilomètre en avant.

Cela tenait du prodige. Quelle ne fut pas alors ma confusion en constatant que *cela* avançait avec une rapidité formidable. Je distinguais mieux la forme. On eût dit un oiseau énorme qui, penché en avant, rasait la terre avec une vélocité inouïe. Et — nul autre que toi ne me croirait — cet oiseau avait une tête humaine; humaines aussi étaient les jambes dont les pieds effleuraient à peine le sol, procédant par bonds ou glissements.

La rapidité de la course était telle que je ne distinguais rien de plus... et cela approchait, approchait toujours. Je pris mon chronomètre et je comptai. A chaque seconde, le glissement à jambes grand écartées et à pointes de pieds était de plus de dix mètres, soit de plus de six cents mètres à la minute.

*
* *

L'être, la bête monstrueuse se dirigeait droit vers ma maison, toujours avec la même célérité vertigineuse. Je vis que cela piquait vers ma porte dont la grille de fer était fermée. J'eus peur en vérité d'un atroce brisement contre les barreaux, et je bondis de mon fauteuil dans la cour pour ouvrir cette grille.

Mais je n'avais pas encore touché le sable que l'être, par une courbe douce, glissait au-dessus de mon mur, et, avec la flexibilité d'un clown, s'arrêtait sur le sol, à quelques pas de moi.

Je poussai un cri auquel répondit un éclat de rire.

Et regardant la tête qui avait ri, je reconnus... qui? Lionel, notre Lionel, notre camarade d'études et d'espérances.

— Toi! toi! m'écriai-je, ne trouvant pas d'autres paroles.

De fait, n'était-il point incroyable de retrouver, sous un accoutrement fait — je le crus alors — de plumes, l'ami que j'avais nommé et qui, se dégageant, m'apparaissait tout entier, criant :

— Eurêka! Eurêka!

Je m'étais approché vivement, doutant encore de la réalité, tandis qu'il débouclait de ses épaules, de ses coudes, des lanières de cuir.

— Laisse-moi faire ! cria-t-il presque irrité.

En un clin d'œil, il avait dépouillé ses ailes — puis-je dire autrement? — et pourtant je remarquai un bruit cliquetant comme de broussailles de métal.

Soigneusement, il déposait sur le sol ce qu'il avait enlevé de ses épaules, et qui à terre ressemblait à une immense chauve-souris : puis, me tournant le dos comme pour se cacher de moi, il se mit à plier l'armure — je ne sais quel mot employer — et, la réduisant à un volume petit, celui par exemple d'une fourrure roulée, il l'emporta allègrement sous son bras.

Et avant que j'eusse pu lui adresser une parole :

—Ma chambre ! dit-il. Je dîne avec toi, je couche chez toi. Ne m'interroge pas encore. Tout à l'heure! je veux savourer égoïstement, pendant quelques instants, ma joie triomphante! En dînant, je te dirai tout... et puis, demain, tu verras... tu verras!...

Force me fut bien de lui obéir, la discrétion étant la première condition de l'amitié. Silencieusement, jouissant sincèrement de l'expression radieuse de son visage, je le menai au petit pavillon qu'il avait déjà occupé et contre lequel mon jardinier avait empilé des bottes de paille.

Il monta avec son fardeau, qu'il semblait bercer comme un enfant. Puis, étant entré, il me ferma la porte au nez, riant de plus belle et criant à travers l'huis :

— A tout à l'heure et que le dîner soit bon !

.·.

Le repas servi, il mangea vaillamment, me regardant parfois avec malice, car il devinait combien je souffrais de ne le pas interroger.

Vint le dessert, et nos verres étant pleins d'un rivesaltes parfumé :

— Çà, me dit-il, je suis à toi... ou plutôt tu es à moi. Car j'entends que tu m'écoutes sans m'interrompre. Si je t'ennuie, tant pis. Ami, fais ton devoir.

— Tu vas m'expliquer ce prodige, commençai-je.

— Tais-toi, fit-il. Pas un mot. Laisse-moi n'entendre que la pensée qui bouillonne en moi, que la joie qui vibre en ma poitrine et fait de tout mon être une harpe cérébrale... tais-toi ! que pas une voix humaine — pas même la tienne — ne trouble l'ineffable mélodie qui chante en toutes mes fibres...

« J'ai trouvé ! j'ai trouvé ! je suis grand, je suis roi, je domine l'humanité ! Et je ne suis pas fou, ayant cependant toutes les jouissances de la folie s'affirmant en vérité !...

« Écoute, écoute bien ! Tu me comprendras, toi ! Te souviens-tu combien et combien nous avons discuté, avec un acharnement jamais découragé, le problème de l'aviation... te souviens-tu que, nous racontant les rêves des sommeils jeunes et alourdis, nous nous disions que de fois il nous avait semblé tout à coup nous détacher de la terre et voler à travers l'espace... ou plutôt — car nous avions fait cette remarque — il nous paraissait que, par un phénomène de lévitation constaté — réellement constaté — chez les extatiques ou les fakirs, nous nous sentions glisser au-dessus du sol, allant vite, vite, toujours plus vite ?...

« Te souviens-tu encore — car c'est à ces prémisses que j'ai dû ma conclusion victorieuse — que, fouillant les antiques légendes, mythes bibliques ou hymnes védiques, retrouvant les archanges à la porte de l'Éden, ou à travers les cieux hindous les Marouts fendant l'espace, nous avions esquissé cette conclusion que c'étaient là ressouvenirs restés en l'homme d'êtres volants qui autrefois avaient existé ?

« Te souviens-tu qu'un jour, au bord de la mer, sur une falaise, le vent s'étant engouffré dans nos vêtements, nous nous laissâmes, pendant quelques secondes, à demi soulever et pousser en avant, nous aidant à peine de la pointe des pieds ?

« Tu ne peux avoir oublié tout cela. Il y a en l'homme un rêve d'ailes qui le hante, qui est au fond de lui comme le germe au fond du terreau.

« Et pendant longues, bien longues années, j'ai cherché, moi aussi, comme tant d'autres, à réaliser la fable d'Icare; et toujours j'ai échoué, sachant qu'au premier essai je me briserais la tête, comme tous les fous, fou moi-même.

« Pourtant je ne pouvais me résoudre à abandonner la lutte. Je voulus vaincre. J'ai vaincu. Comment?

« Parce que j'ai compris cette vérité : tous les chercheurs ont prétendu s'élever à vingt, cinquante, cent mètres au-dessus de terre, tous ont rêvé de planer comme l'aigle, de filer à des hauteurs vertigineuses comme le faucon, de se perdre dans la nue.

« Moi j'ai dit : A quoi bon? — et là a été mon triomphe!

« L'homme a-t-il donc besoin de s'élever à de telles hauteurs qu'il aille toucher les astres? Allons donc! La nature lui répond par la raréfaction de l'air, par l'asphyxie. Son poids même, la force centripète sont des enseignements qu'il n'a pas voulu comprendre.

« Ce qu'il faut à l'homme, c'est — en s'aidant de la terre et de l'air — conquérir la vraie force de l'oiseau qui n'est pas l'élévation, mais la vitesse, la vitesse qui est une jouissance sublime, réelle, aimée des femmes et de nous tous. C'est encore de ne point peser à la terre, de franchir les distances sans efforts et, par une conséquence immédiate, de franchir les obstacles qui s'opposent à notre passage, c'est d'inutiliser la vapeur en développant l'appareil humain.

« Voilà le vrai problème. En le rapetissant, pour ainsi dire, je l'ai rendu pratique, tangible, soluble à ce point que tout à l'heure tu m'as vu franchir trois kilomètres en quelques minutes, sauter en me jouant par-dessus un mur de deux mètres.

« Et cela, parce que, élève de cette éducatrice merveilleuse qui s'appelle la nature, j'ai tout uniment imité la Course-Vol de l'autruche, du hocco, du nandou d'Amérique.

« Tiens, que dit Brehm : « Quand le nandou trotte, les ailes relevées et nonchalamment en apparence, son pas est de 1 mètre 15 : quand il est poursuivi, il atteint jusqu'à 1 mètre 60. L'autruche fait 28 kilomètres en une heure. » Et pour cela que leur faut-il ? que leurs ailes s'agitent à peine. Elles ne servent que de supports, de glissoirs, si je puis dire, de patins sur l'air, sur l'air où elles prennent point d'appui, qui n'est pour les animaux qu'un appareil d'allégement. Sens-tu la portée de ce mot : Vaincre l'air par l'air !

« Foin de ces ambitions ridicules, de ces illusions absurdes qui nous entraînent à chercher l'impossible ! Et vive la Course-Vol !

« Déjà tu m'as compris. Aidé des recherches de Marey, ayant étudié avec la plus minutieuse patience la Course-Vol de l'autruche et de ses congénères, ayant analysé, décomposé le mouvement en 8 de ses ailes courtes, arrondies, subobtuses, aux rémiges inégales, j'ai construit en fil métallique, d'une légèreté, d'un flou admirables — n'avons-nous pas l'aluminium ? — un appareil d'ailes à plumes factices que je meus par une simple et facile opération des bras et des épaules.

« Ici j'ai dû chercher longtemps. L'excentrique m'a tiré d'affaire. J'ai obtenu le battement doux et puissant à la fois qui successivement saisit l'air et le laisse s'écouler : j'agis comme le gamin qui, à l'aide d'une perche, franchit un ruisseau.

« Et j'ai décuplé la vitesse humaine ! M'aidant de mes pieds dont la pointe est armée d'une pique de fer, sorte d'ongle, je ne cours plus, je bondis de mètres en mètres, par une faible détente du jarret. Aussi je franchis un obstacle de trois ou quatre mètres avec une légèreté d'oiseau, tandis que mes ailes, formant parachute, amortissent la chute...

« Ah ! il y a bien des détails ! demain matin, je t'expliquerai tout... et tu seras comme moi stupéfait que cette idée si simple ne soit pas venue à d'autres, et tu seras heureux. Car nous donnerons notre secret — tu vois, je dis notre — au pays, à la patrie... et que de conséquences ! Songe, en temps de guerre... »

*
* *

Lionel fatigué se retira de bonne heure dans sa chambre.

A minuit je fus réveillé en sursaut. C'était l'incendie. Tu sais le reste !

Sois discret, que nul ne sache jamais ce qui a été perdu cette nuit-là. Surtout 'ne cherchons pas à reconstituer l'œuvre de Lionel. Ce serait presque un vol au pauvre mort...

Pourtant, si tu as un instant, viens me voir...

PAUVRE AVEUGLE !

I

Novembre 1863.

Décidément, je puis écrire. Voilà plusieurs essais qui réussissent. Mes amis m'affirment que mes lignes sont droites et les caractères bien tracés...

L'idée leur a tout d'abord paru singulière. Pourquoi écrire, puisque je ne pourrai peut-être jamais relire ce journal où je veux consigner mes souvenirs?

Pour moi — qui ai l'idée fixe de la guérison — l'objection n'a pas de valeur. Et puis, en vérité, on serait mal venu à me refuser cette distraction. Il se passe d'ailleurs un fait bizarre ; à mesure que ma plume court sur le papier, je vois distinctement — dans mon cerveau — les traits que mes yeux ne peuvent distinguer.

Il me semble que je réfléchis mieux, que je me souviens plus complètement alors que je donne un corps à mes pensées... Enfin, pourquoi plaider une cause déjà gagnée d'avance?... J'écris parce qu'il me convient de le faire et qu'à un malheureux on doit passer tous ses caprices...

C'est une horrible chose que d'être aveugle; mais s'il est une consolation à cette douleur, c'est bien certainement de se rappeler en quelles circonstances on a perdu la vue, lorsque surtout les faits donnent un démenti formel à certaines appréciations malveillantes, trop facilement accueillies.

Oui, il est plaisant de se souvenir des reproches de prétendus amis qui m'accusaient d'égoïsme, aujourd'hui qu'un élan héroïque m'a coûté la vue...

On m'appelait égoïste.

Pourquoi?

J'ai vingt-cinq ans, dix mille francs de rente. Je ne dois rien à personne, et en cherchant bien je trouverais des gens qui me doivent beaucoup. Certes, si quelqu'un avait le droit de mener la vie qui lui plaisait, c'était bien moi. Ma petite fortune m'est échue en patrimoine ; je n'ai jamais réclamé de qui que ce soit le moindre service. N'ayant nul besoin des autres, je ne me suis jamais contraint à ces démonstrations hypocrites grâce auxquelles les besogneux cherchent à se concilier la bienveillance d'autrui.

N'ayant à réclamer l'aide de personne, j'ai vécu pour moi, choisissant mes distractions, évitant les émotions énervantes, reconnaissant inutile de m'apitoyer sur les misères d'autrui, puisque mes ressources ne me permettaient pas de les soulager efficacement.

Il n'est rien de plus pénible que de rencontrer sur son chemin des souffrances qu'on est impuissant à faire complètement disparaître. Rendre des services incomplets est plutôt nuisible qu'utile. Donner quelques louis à un misérable ne sert en général qu'à retarder de peu de jours l'effort suprême auquel il devra peut-être son salut définitif.

Ah! si j'avais pu constituer à chaque solliciteur un capital suffisant pour le mettre à l'abri du besoin, je comprendrais que ne l'avoir pas fait fût un crime. Je crois même que nulle jouissance ne serait comparable à celle qu'éprouverait ce bienfaiteur de l'humanité. Mais ce sont là des rêves... Philanthropie rime avec utopie. Et j'ai regretté bien souvent de n'être pas assez riche pour réaliser cette chimère.

Les esprits superficiels et hypocrites m'ont taxé d'égoïsme parce que je savais gérer mes affaires et que je ne me créais pas des embarras pour encourager la paresse des uns ou les illusions des autres.

Je me souviens avoir répondu à un de ces quémandeurs éternels :

— Comment feriez-vous si je n'existais pas?

Il n'a su que me répondre. Je lui ai donné quelques bons conseils, lui expliquant que l'homme qui a deux bras pour travailler ne peut pas mourir de faim.

Il s'est emporté. J'ai dû le faire mettre dehors... et j'ai compté un ingrat et un ennemi de plus. Ainsi va le monde.

Et cependant voyez ma bonne foi. Il m'arrivait parfois de douter de moi-même ; et, malgré la logique inattaquable de mes raisonnements, je me prenais à discuter avec ma propre conscience...

Aujourd'hui, je suis sûr de moi. Car à ces humanitaires ridicules je puis répondre :

— Je ne fais pas le bien à demi... je suis aveugle parce que je me suis dévoué. J'ai sauvé une vie humaine. Voilà qui met à néant toutes les déclamations...

II

Il y a trois mois de cela.

Je venais à peine de m'installer dans ma petite et charmante villa de Passy.

Hélas ! j'y suis encore, mais je ne verrai plus ces massifs tout ruisselants de fleurs, ces touffes vertes que j'avais si bien disposées !...

Singulière impression ! Se dire : Je voyais !... et ne pas ajouter : je vois encore ! Reconstituer dans sa pensée ces couleurs qui chatoyaient sous le soleil : le rose, le rouge, le carmin, nuances que je nomme et que je ne vois plus ! En vérité, s'il était possible à la science de créer une couleur nouvelle, je maudirais l'inventeur, car mon imagination serait impuissante à deviner ce que les yeux n'auraient point connu.

Grâce à la faillite du précédent propriétaire, j'avais acheté cette propriété dans des conditions fabuleuses de bon marché.

Mais, comme Polycrate, j'étais trop heureux; et je n'avais point d'anneau à jeter à la mer. Le malheur me guettait.

Le fond de mon jardin est borné par un chalet appartenant à une veuve qui l'habite avec sa fille : une délicieuse enfant de seize ans, brune, avec de grands yeux noirs et des cheveux qui, alors qu'elle court, le matin, autour du parterre d'hortensias, lui forment comme un manteau de velours noir.

Tous ces mots me produisent un étrange effet! A chaque instant, j'écris comme un voyant. C'est une habitude difficile à perdre. Et d'ailleurs je trouverai bien un jour quelque praticien qui saura réparer l'injustice du sort. Cette pensée me reconforte et m'aide à supporter ma cécité... Je crois me rappeler qu'autrefois j'ai recommandé un jeune médecin à un grand personnage. Il paraissait fort intelligent. Aujourd'hui, il est parvenu à une belle position; j'invoquerai sa reconnaissance. Oui, c'est cela... son visage m'avait frappé ; j'aurais confiance en lui... Je lui écrirai.

Voyez quel bizarre enchaînement de circonstances : dans le jardin de mes voisines il y avait — il y a encore... parbleu! — un magnifique acacia-boule dont les branches, s'élevant au-dessus de mon mur, le dépassaient de plusieurs pieds.

Naturellement la devise : Chacun chez soi, me donnait le droit d'exiger que ces branches fussent élaguées. Et dans la semaine qui suivit mon installation, je fis transmettre à Mme Berthaut l'invitation de faire cesser cet empiétement, d'autant que mon intention était d'élever là une serre dont ces branches auraient gêné la construction. C'était mon droit, et certes j'en usais fort discrètement, me bornant à une prière, quand en somme une assignation aurait bien plus sûrement atteint le même but.

Mais la société est ainsi faite que les réclamations les plus justes sont matière à discussion.

Voici que le lendemain du jour où mon avoué était allé, muni de mes instructions, exposer comme un désir ce que je pouvais imposer comme une volonté, Mme Berthaut et sa fille se présentèrent chez moi.

Je ne pus m'empêcher d'admirer la beauté vraiment remarquable de Berthe : c'est son nom. — Aussi écoutai-je sans l'interrompre la digne veuve qui s'efforçait de me convaincre que l'*émondage* réclamé serait cause de la perte de cet arbre, auquel, par je ne sais quelles raisons sentimentales, elle était vivement attachée.

Ah! je me souviens!... Mme Berthaut était veuve d'un créole de la Martinique qui avait péri dans la traversée, lors du dernier voyage qu'il avait dû faire dans son pays pour régler définitivement des affaires d'intérêt.

Or, c'était à l'ombre de l'acacia, sujet du litige, que s'étaient faits les adieux.

Mme Berthaut m'expliquait ces tristes circonstances d'un ton attendri.

Certes, je ne sais rien de plus respectable que ces souvenirs, surtout quand ils sont récents et que leur évocation même rouvre une plaie mal fermée.

Mais il m'était réellement impossible de renoncer à la construction de ma serre. Et tout en déplorant le chagrin causé à cette excellente femme, je ne pus, à mon grand regret, lui donner une réponse parfaitement satisfaisante. Je promis cependant de mander mon architecte et de lui faire part des difficultés survenues. Et si la serre pouvait, après nouvelles études, être édifiée sur un autre point, sans que ses dimensions ni ses dispositions intérieures eussent à en souffrir, je déclarais que je me ferais un devoir de respecter des sentiments à la fois si émouvants et si honorables.

Les deux dames me quittèrent, et je dois avouer que leurs remerciements furent plus froids que je ne le prévoyais. Peut-être aussi était-ce timidité de leur part, d'autant plus que j'avais à me reprocher d'avoir un peu trop longuement regardé la jeune Berthe, dont la beauté me frappait de plus en plus et m'avait, il faut bien le dire, arraché cette concession.

Quelle que soit la prévention de quelques-uns à mon égard, il est cependant une qualité que nul jusqu'ici n'a songé à me contester, c'est ma fidélité à la parole donnée. Et si, dans un mouvement d'entraînement, je me suis laissé aller à prendre un engagement dont l'exécution me devient pénible par la suite, cependant je respecte trop ma parole pour y manquer.

Aussi, dès le lendemain même, aurait-on pu me voir, avec mon architecte, étudiant très sérieusement l'emplacement de la serre projetée. Mais je regrette d'avoir à constater dans cette circonstance un mauvais vouloir absolu de la part de cet architecte. Il était entendu que la serre devait être octogone, à pans coupés, avec dôme, Dès que je lui parlai de placer cette construction sur un autre point, il me déclara nettement que la serre ne pourrait plus être conforme au devis, qu'elle serait hexagone, à trois pans coupés seulement, et que le dôme devrait être baissé de dix centimètres.

C'étaient là, on le comprendra, des exigences auxquelles il m'était impossible de me soumettre. Et, à cette heure, je ne puis encore apprécier la raison qui portait l'architecte à montrer autant d'acrimonie contre mes voisines, car je lui avais exactement expliqué ce dont il s'agissait.

— Enfin, me dit-il, en matière de conclusion, si vous exigez que la serre conserve ses dimensions et la forme précédemment décidées, la destruction de cet arbre est indispensable.

J'avais tenté tout ce qui était en mon pouvoir, et j'étais véritablement navré de n'avoir pas mieux réussi. Mais à l'impossible nul n'est tenu...

Et, après avoir fait part à ces dames du profond regret que j'éprouvais, je donnai l'ordre à mon jardinier de prendre ses dispositions pour élaguer, avec toutes les précautions possibles, les branches qui dépassaient mon mur.

C'était — je me le rappelle — un mardi soir.

Il avait plu toute la journée, et notamment, vers cinq

heures, une sorte d'orage avait contraint l'ouvrier de remettre son travail au lendemain.

Assez contrarié de ce contre-temps, je me promenais vers onze heures du soir au pied du mur, récapitulant dans ma mémoire la liste des plantes que je me promettais de placer dans ma serre. L'ouvrier, qui devait revenir le lendemain matin dès dix heures, avait laissé son échelle appuyée contre la muraille...

Ah! que je m'arrête à cette minute suprême!... Comment n'ai-je pas prévu que pour la dernière fois je contemplais le ciel d'un bleu sombre sur lequel s'égrenaient les diamants d'un collier brisé? Comment n'ai-je pas embrassé d'un regard avide cette nature que je ne devais plus admirer? Que n'ai-je saisi et emporté comme un avare ces trésors d'ombre et de lumière, dût le monde en être à jamais privé, pour les retrouver dans cette nuit qui m'enveloppe!...

Tout à coup — je crois que minuit venait de sonner — il me sembla voir éclater une lueur rougeâtre. Je levai la tête; c'était un reflet d'incendie.

Était-ce le chalet qui brûlait?... mais alors le feu pouvait se communiquer à ma propriété!... Ce fut un moment de cruelle angoisse. D'un élan plus rapide que la pensée, je gravis les degrés de l'échelle pour juger par moi-même du danger que je pouvais courir.

Ah! c'était un terrible spectacle!... Oui, le feu dévorait le pavillon de bois... dont les ais crépitaient sous la morsure de la flamme.

J'étais debout sur la crête du mur, touchant presque le chalet et contemplant, sans conscience du péril, l'œuvre de destruction qui s'accomplissait rapidement ...

Tout à coup, à un mètre de moi, une fenêtre s'ouvrit violemment... et Berthe, à peine vêtue, les cheveux épars, sortit à demi de l'ouverture, appelant au secours!

Mon émotion fut telle que je chancelai sur l'étroit appui qui soutenait mes pieds; et instinctivement j'étendis les bras en avant pour me retenir au mur...

La jeune fille me saisit la main, puis, d'un bond, se jeta dans mes bras...

Que se passa-t-il alors?... Je ne sais plus... Je tombai, entraînant Berthe dans ma chute... Un coup violent ébranla mon crâne... puis je m'évanouis!...

III

Le hasard commet de bizarres injustices. Le feu n'a pas pris dans ma propre maison, je ne suis menacé d'aucun péril, et c'est moi qui suis frappé. La jeune fille, cause de mon malheur, ne reçoit aucune blessure, tandis que moi...

Je suis resté pendant deux mois cloué sur un lit de douleur. Mes yeux se sont graduellement affaiblis, puis éteints tout à fait. Je suis aveugle.

En vérité, je méritais moins qu'un autre cette atroce infirmité. Il y a de par le monde une multitude de gens auxquels la perte de la vue n'aurait pas causé le même chagrin. N'était-ce pas plutôt un des déshérités de la misère que devait choisir le sort? On l'eût placé dans un hôpital, et c'eût été pour lui le repos et la sécurité... tandis que moi...

J'aimais tant la lumière, le soleil, les couleurs chatoyantes! il me plaisait si fort de contempler un joli visage, d'admirer une belle œuvre d'art! Certes, j'appréciais plus et mieux qu'un autre les jouissances de la vue : il est donc souverainement injuste que ce malheur soit tombé sur moi. A mon âge!... tandis que cette dame Berthaut, par exemple, qui a plus de soixante ans, n'aurait fait en somme que trouver un peu plus tôt l'ombre du tombeau...

Mais on me guérira. Cela m'est dû. Sans cela, à quoi servirait la science?... J'ai entendu parler d'opérations qui réussissaient sur des individus qui le méritaient moins que moi...

IV

Ce qui est avant tout pénible pour l'aveugle, c'est la solitude.

Pendant les premiers temps, beaucoup d'amis — ou se disant tels — sont venus me voir. Quelques-uns ont même paru réellement peinés de ce qui m'était arrivé. Mais je n'en ai pas entendu un seul qui se soit déclaré prêt à faire le sacrifice de sa vue pour que je pusse recouvrer la mienne. Les égoïstes !... Je suis convaincu qu'ils arrivaient ici comme on fait au spectacle, mus par la curiosité.

Ils s'étaient dit entre eux :

— Vous savez bien, X*** ? Eh bien ! il lui est arrivé un malheur !... Il est aveugle !

Les autres avaient répondu :

— Allons voir cela...

J'ai toujours insisté pour les retenir ; ils restaient bien quelques heures, et puis ils me quittaient, prétextant des occupations, des affaires indispensables : comme s'il existait d'autres affaires que de se dévouer à un malheureux ! Ah ! oui, le dévouement ! grand mot et que tous prononcent !... Farceurs !

Ce qu'il me faudrait, ce serait un être qui ne me quittât pas d'une minute, qui me fît la lecture, qui fût toujours prêt à m'offrir son bras quand il me prend fantaisie de faire un tour de jardin.

J'ai bien ma gouvernante. Mais outre que cette femme n'a pas reçu d'éducation et est inintelligente, j'ai cru deviner qu'elle est trop portée à ne s'occuper que d'elle-même. Quand je lui parle, elle a des distractions, et il arrive souvent que sa pensée est ailleurs.

Il me faudrait trouver un être qui m'appartînt tout entier, qui n'eût point d'autre idée, d'autre sentiment, d'autre but que de soulager ma triste situation. Mais en ce siècle, où chacun ne pense qu'à soi, où rencontrer ce phénix de charité chrétienne ?

Je pourrais prendre un secrétaire : mais il serait payé et ne me donnerait de dévouement que justement en rapport avec ses honoraires. Puis il serait jeune ; il aurait des aspirations, des projets personnels, toutes choses que je ne puis admettre...

Et pourtant cette situation ne peut durer : j'ai droit au dévouement de mes semblables. Réfléchissons...

V

Mon notaire sort de chez moi. C'est un homme fort intelligent, et qui comprend la vie ainsi que je l'entends moi-même.

Il n'a pas de fausse sensiblerie. Il a son but : gagner le plus d'argent possible, le plus rapidement qu'il pourra faire, et pour ce, passer d'un pas ferme, mais sûr, au milieu de ces drames intimes dont les archives notariales sont le catalogue.

C'est un jeune homme, trente-deux ans à peine ; il a une sûreté de coup d'œil qui m'a étonné moi-même.

Or, voici le résumé de notre conversation, et je crois que jamais officier ministériel n'a pu penser plus nettement que cet homme... Désormais je me promets de le consulter en toute circonstance grave. J'y ai peut-être trop souvent manqué jusqu'ici. Quelle belle chose que la loi !... Voilà qui est tranchant, qui ne laisse aucune échappatoire. La loi en main, on peut aller droit devant soi, et rien ne vous arrête. Que le sentimentalisme paraît ridicule en face de cette simplicité sévère !... La loi dit : Ceci est... Et qu'on pleure ou qu'on rie, qu'on crie ou qu'on chante, c'est chose entendue.

— Savez-vous, m'a dit mon notaire, que, si vous le voulez, vous pouvez doubler votre fortune ?

— En vérité ?

— Et de la façon du monde la plus commode...

J'étais fort surpris de cette ouverture. Car je n'ai jamais compris qu'on fît part à autrui d'une bonne opération, quand, en résumé, il est si simple de la garder pour soi. Mais, presque aussitôt, je me suis souvenu qu'il était interdit aux notaires de faire des affaires pour leur propre compte et que, comme il ne s'agissait en somme que d'une misère, c'eût été folie à celui qui me parlait que de chercher à s'emparer de cette spéculation.

Il m'a expliqué alors que, par suite d'un heureux hasard, il avait eu connaissance des plans tracés à la ville pour l'amélioration du quartier. Il s'agit d'ouvrir à travers Passy de larges trouées d'air, en y faisant passer de spacieux boulevards destinés, dans un temps prochain, à être adoptés pour la résidence des gens à *hôtels*.

Ces détails ne m'intéressaient tout d'abord que très médiocrement, et je me demandais à quoi tendaient ces renseignements, lorsque j'appris enfin que ma maison se trouvait complètement enclavée dans le tracé en question, et que j'étais certain, dans un temps peu éloigné, de réaliser par l'expropriation un bénéfice très considérable.

Je ne savais comment remercier cet homme de sa complaisance : et véritablement c'était de sa part un acte méritoire. Car je l'avais fait appeler dans le but de préparer la vente de ma maison et de mon jardin. Oui, j'étais décidé, en raison de mon état actuel, à quitter les environs de Paris et à m'aller confiner dans quelque campagne éloignée. Mais voilà qui changeait singulièrement mes plans. Certes, je ne suis pas avare, mais bien fou serait celui qui refuserait pareille aubaine, et surtout dans ma situation, où une augmentation de bien-être est si désirable !

Bref, il fut convenu que je renoncerais à tout projet de vente.

Mais, tout en causant, mon notaire m'apprit en même temps que la maison des dames Berthaut était, comme la mienne, susceptible d'expropriation prochaine. Ceci me donna à réfléchir, mais je n'en laissai rien paraître, me réservant d'y songer lorsque je serais seul.

C'est ce que j'ai fait.

. . . .

Depuis l'accident, Mme Berthaut et sa fille n'ont pas manqué un seul jour de me rendre visite. Il eût d'ailleurs été surprenant qu'elles eussent agi autrement.

Les obligations qu'elles ont contractées envers moi sont de celles dont rien ne peut délier.

Cependant, je dois dire qu'après les avoir accueillies avec toute l'affabilité dont je suis capable, je me suis senti tout à coup un peu refroidi au sujet de cette gratitude dont elles faisaient si grand étalage. Et réellement ce n'était pas sans raison.

Il y avait huit jours à peine que je les recevais chez moi comme de véritables amies, quand Mme Berthaut s'avisa de me raconter avec force doléances que l'incendie avait détruit presque entièrement ce qu'elles possédaient, que l'assurance ne couvrait pas la valeur de la maison brûlée, qu'elles devaient encore une portion du prix d'achat, qu'en un mot elles étaient totalement ruinées.

Point n'était besoin de se beaucoup creuser la tête pour deviner le motif de ces confidences, et c'était chose vraiment burlesque que de voir cette femme venir réclamer les services de celui qui déjà avait perdu la vue pour sa fille. Ainsi ce n'était pas assez de m'être à jamais peut-être estropié par bonté d'âme : il fallait maintenant me ruiner. Car cette demande d'emprunt — non formulée, mais parfaitement claire — n'était que la sollicitation déguisée d'un don.

Inutile de dire que je fis la sourde oreille. Et depuis ce temps, j'ai reçu ces dames avec politesse, mais sans empressement…

Et cependant je me souviens que Berthe est une gracieuse enfant…; elle m'a paru douce, dévouée, aimante, et quand elle parle à sa mère, il y a dans la timbre de sa voix je ne sais quoi de sympathique...

Mais hélas! que me fait aujourd'hui la beauté du visage le plus angélique !...

Cependant, depuis la visite de mon notaire, mes idées se sont modifiées, et certain projet est éclos dans ma tête.

Point de précipitation pourtant. Il est de graves résolutions qu'on ne doit pas prendre sans de très mûres réflexions... et j'hésite encore. Il faut que je revoie mon notaire... J'ai besoin de nouveaux détails sur les expropriations.

VI

Je puis avoir la maison des dames Berthaut, comme on dit, pour un morceau de pain. Le remboursement de la somme due à l'ancien vendeur et le chiffre d'achat actuel ne représentent pas la moitié de la valeur réelle, valeur qui, de plus, sera presque triplée lors de l'expropriation. Voici ce qui est certain.

Partant de ce point acquis, j'ai prié Mme Berthaut de venir me voir *seule*.

Et m'adressant à elle :

— Madame, lui dis-je, je ne sais rien faire à demi. J'ai très bien compris l'autre jour le but des paroles que vous prononciez. Vous êtes ruinée, ou tout au moins dans une position des plus précaires.

La brave dame a voulu protester, je l'ai interrompue.

— Pauvreté n'est pas crime, ai-je repris aussitôt. Je suis tout disposé à vous venir en aide.

Elle s'est laissé entraîner à un élan de reconnaissance qui m'a prouvé à quel point mes prévisions étaient justifiées. Aussi me suis-je dit qu'au lieu de dix mille francs que j'étais prêt à offrir, elle me céderait sa propriété pour une somme moindre. J'ai parlé de six mille francs, insistant sur les lenteurs inséparables d'une vente forcée, sur les frais qu'elle entraînerait, tandis que moi j'offrais argent comptant, immédiat et sur table. C'est du reste une âme simple et confiante, et je n'ai éprouvé aucune difficulté à lui faire entendre raison.

Elle accepta donc avec empressement, car elle m'avoua alors qu'il s'agissait pour elle d'échapper à des poursuites imminentes.

Quand elle se fut livrée en toute assurance, je jugeai que le moment était venu d'arriver au second point de l'entretien. Car dans mon esprit tout ceci n'était qu'un préambule.

— Vous avez une fille, une fille que vous aimez beaucoup, n'est-il pas vrai ?

— Si je l'aime ! s'écria-t-elle. Je donnerais ma vie pour elle !

— Avez-vous songé à son avenir ?

Elle hésita. J'avais touché un point sensible. Évidemment la ruine était d'autant plus pénible que Berthe se trouvait désormais sans dot.

— Je comprends votre chagrin, continuai-je, et si vous me le permettez, je vais m'expliquer très franchement. Je suis seul, aveugle, déshérité de toutes joies... je désire avoir près de moi une compagne qui m'aide à supporter le triste fardeau de l'existence. Ne vous paraît-il pas naturel que je réclame de celle que j'ai sauvée un peu du dévouement dont je lui ai donné un si évident témoignage ?

Mme Berthaut poussa un cri de surprise, et, sans lui laisser le temps de s'expliquer, je formulai nettement ma demande et sollicitai la main de Berthe...

Donc j'offrais de me charger des dettes contractées par l'achat de la maison, je donnais en plus une somme de six mille francs, ce qui portait l'achat de la maison à quatorze mille francs. C'était, à supposer que l'expropriation n'eût pas lieu, un bénéfice certain d'une dizaine de mille francs, et, dans le cas contraire, de trente mille francs, au bas mot.

Par contre, j'épousais Berthe.

Donc je faisais d'une part une excellente opération financière, et de l'autre je trouvais la compagne cherchée.

Mme Berthaut paraissait étonnée de ma demande ; je regrettais vivement de ne pouvoir étudier le jeu de sa physionomie. Elle resta quelques instants sans répondre, puis elle me dit :

— Je me suis juré de laisser ma fille libre de disposer de sa main. Voulez-vous causer avec elle ? Je connais son âme aimante et bonne. Je suis certain qu'elle acceptera avec joie de réparer, autant qu'il est en elle, le mal qu'elle vous a causé involontairement...

J'aurais préféré un consentement plus prompt. Néanmoins je condescendis à ce que demandait la mère de Berthe, et une heure après la jeune fille entrait chez moi.

Dès qu'elle fut auprès de moi, j'allai droit au but. Je lui fis comprendre la situation dans laquelle elle et sa mère se trouvaient : j'insinuai adroitement que mes propositions d'achat n'auraient d'effet qu'autant que la jeune fille consentirait à devenir ma femme.

Berthe résista cependant un peu. Je suppose que c'était par timidité. Je n'admis pas un seul instant qu'elle se refusât à partager le sort de celui qui avait failli périr pour elle. Et puis qu'était-ce que ses objections ? Elle était si jeune ! disait-elle ; elle craignait de ne pas remplir à mon gré la mission de dévouement qui lui incomberait...

Je me disais en moi-même que c'étaient là des craintes puériles. Et je plaidai ma cause avec une clarté dont j'eus l'air d'être satisfait.

— Enfin, me dit-elle, si pour sauver ma mère de la misère je dois devenir votre femme, je n'hésite plus.

J'aurais mieux aimé une formule moins résignée. Mais j'étais décidé à ne point m'arrêter à ces considérations de détail.

J'avais trop grand intérêt à ne point montrer une susceptibilité qui aurait dérangé mes projets. Aussi me hâtai-je de prendre Berthe au mot.

Et, dès le soir même, le jour de notre mariage fut arrêté.

La main de Berthe tremblait dans la mienne, et en l'embrassant au front je sentis qu'elle pleurait...

Après tout, c'était peut-être de joie...

VII

Janvier 1866.

Voilà plus de deux ans que je n'ai pris la plume.

C'est qu'en vérité je n'aurais rien trouvé dans ma vie qui méritât d'être écrit. Le bonheur est si monotone ! Rien n'est plus fastidieux que la répétition incessante de la même formule, et chaque soir il m'aurait fallu inscrire ces quatre mots :

— Je suis parfaitement heureux.

Phrase étrange de la part d'un infirme.

Aujourd'hui il me plaît de me remémorer toutes les circonstances qui ont marqué ces deux années et qui ont constitué cette uniformité de bonheur que je n'eusse jamais osé rêver.

Tout d'abord, dès que j'ai été marié, je me suis hâté de régler mon existence de façon à m'éviter tout ennui, de quelque nature qu'il fût. J'avais, on le comprendra facilement, une véritable horreur de la solitude. Pénible pour tous, elle est terrible pour l'aveugle. Séparé du monde entier, il ne s'y rattache que par l'ouïe et le toucher. Je résolus donc dès le principe d'agir de telle sorte que cette solitude n'existât plus pour moi.

Je fis part à ma femme de mes intentions. Il était bien entendu, d'une part, qu'elle ne sortirait jamais ; et comme je suis d'avis que les demi-mesures sont toujours mauvaises, je la priai de rester toujours auprès de moi. Comme mes sorties n'avaient point d'autre but que de dégourdir mes membres et de permettre à mes poumons d'aspirer l'air pur du dehors, je décidai que tous les jours, à onze heures, après le déjeuner, nous irions faire tous deux un tour de promenade.

Les médecins m'avaient conseillé d'éviter la fraîcheur du soir. Pour leur obéir, je déclarai que jamais, sous aucun prétexte, nous ne franchirions le soir le seuil de la maison. Du reste, que m'importaient à moi les soirées, les théâtres, toutes choses mortes ? Restaient à employer les diverses heures de la journée.

Je m'éveille régulièrement à six heures du matin et j'ai l'habitude, été comme hiver, de prendre une tasse de café chaud.

Ma femme doit donc se lever à cinq heures, afin de me le préparer de ses propres mains. C'est là un soin qu'elle ne devrait pas laisser à d'autres, et, après quelques hésitations, elle l'a si bien compris que jamais elle n'a manqué d'exactitude.

Je me rendors alors, mais d'un sommeil intermittent, dont la durée n'est point fixe.

Or, comme je puis me réveiller définitivement d'un

moment à l'autre, je tiens essentiellement à ce que ma femme ne s'éloigne pas. J'aime alors qu'elle me tienne la main, mais en se résignant, bien entendu, à une immobilité absolue. Du reste, il est rare que ce sommeil se prolonge pendant plus de deux heures.

Ensuite elle m'habille et procède à ma toilette.

Je m'étends dans un fauteuil et ma femme me lit les journaux.

Je déteste les racontars, les nouvelles, les *cancans* de théâtre. En quoi pourraient me toucher ces détails dont je ne puis vérifier la sincérité? Mes goûts m'ont porté vers la politique. J'écoute donc attentivement quatre ou cinq articles de fond, me plaisant surtout à ceux que contient le *Journal des Débats*.

J'ai voulu essayer des romans. Mais ces sentiments faux et exagérés, ces sacrifices invraisemblables, ces dévouements ridicules, m'ont donné des nausées, et j'y ai bien vite renoncé. Là encore, j'ai eu quelque résistance à vaincre de la part de ma femme, mais j'y ai mis bon ordre.

Je gagne ainsi l'heure du déjeuner. Je suis sobre et ne bois que de l'eau; naturellement, j'ai prié ma femme d'adopter le même régime. Jamais de café après les repas.

Pendant le déjeuner, Berthe achève à haute voix la lecture des journaux, notamment des revues.

Puis nous sortons ; c'est-à-dire que nous faisons invariablement le même chemin, par la rue Raynouard, le quai, revenant par le bas du pays et la grande rue.

Je ne tiens nullement à modifier cet itinéraire, puis-

16.

que je ne vois rien et que rien ne peut me paraître nouveau. J'ai au contraire une telle habitude de ce parcours que, rien qu'en posant le pied à terre, je sais à quel point nous en sommes.

Une fois rentrés, ma femme se met au piano. C'est pour moi une sorte de sieste : je me laisse aller à une douce somnolence. Un de mes plus grands plaisirs est de faire répéter la même phrase à satiété, par exemple le *Casta Diva* de *Norma*. Cette monotonie produit une espèce d'ivresse cérébrale d'un effet véritablement délicieux.

Après quoi, ma femme prend un volume et recommence la lecture à haute voix.

La cécité m'a donné le goût de la réflexion. Et j'aime à me perdre dans le dédale des raisonnements les plus ardus. Je me suis mis à étudier la philosophie allemande. Mais ici se présentait une difficulté. Je parle l'allemand aussi bien que le français et il m'eût été très pénible d'entendre les traductions détestables par lesquelles nos compatriotes défigurent les Leibnitz, les Herder, les Kant et les Fichte. Or, Berthe ne sait pas l'allemand. Mais j'ai conçu une idée ingénieuse. Il n'est pas besoin de comprendre pour bien lire, si bien qu'en moins de quinze jours un professeur lui a appris à lire et à prononcer l'allemand avec une telle perfection — sans percevoir le sens d'un seul des mots qu'elle prononce — qu'on ne sent même pas l'accent français. Je lui sais réellement gré de cet effort. De quatre à six heures, donc, lecture des philosophes et des métaphysiciens. J'ai trouvé là de grandes satisfactions.

La journée est presque achevée. Après le dîner, Berthe me lit les journaux du soir, puis, à huit heures, en hiver, et neuf heures, en été, je me couche.

Je m'endors difficilement : ma femme reste auprès de mon lit, s'abstenant de tout mouvement qui puisse troubler mes premières velléités de sommeil.

Je répète qu'il n'est pas possible de rêver bonheur plus complet pour moi : ma vie est comme une horloge bien réglée dont aucun incident ne vient déranger les mouvements.

. . . .

Cependant je ne renonçais pas, on le comprendra facilement, à recouvrer la vue.

Je ne parlais jamais à Berthe de mes espérances, voulant garder, pour moi seul et comme un trésor, les pensées joyeuses qu'éveillait en moi l'attente de la guérison.

Mon médecin m'a déclaré hier que maintenant l'opération était non seulement possible, mais encore d'un succès certain.

Il doit venir me chercher aujourd'hui. Je partirai pour quelques semaines. Berthe ignore ce dont il s'agit; elle croit à un voyage, et je m'étonne même de la facilité avec laquelle elle me confie à un étranger.

Peu importe ! Je me rends avec mon médecin dans une petite propriété qu'il possède à quelques lieues de Paris.

C'est là qu'il m'opérera.

Je suis sans inquiétude, et j'ai la conviction que la délivrance est proche.

Cela m'est bien dû...

VIII

Février 1866.

Ah! le coup qui me frappe est au-dessus de mes forces! Non, jamais je n'aurais cru que l'ingratitude humaine pût atteindre cette exagération criminelle... Ma tête brûle!... les bourdonnements de la congestion murmurent dans mon cerveau...

Voyons! que s'est-il passé?... j'ai peine à rassembler mes idées...

Donc, il y a un mois à peine, j'étais parti plein d'espoir. Et je n'avais pas trop présumé du savoir de l'éminent docteur auquel je m'étais confié!

Huit jours s'étaient à peine écoulés que je me livrais à l'opérateur. Je lui avais fait comprendre toute la grandeur de la responsabilité qu'il encourait, et il avait répondu de tout. Quel courage il m'a fallu !... mais j'étais décidé ! Et le ciel m'a récompensé. L'opération a réussi du premier coup, et même dans de telles conditions que deux semaines pouvaient amplement suffire à mon entier rétablissement.

Pendant tout ce temps, il me plut de ne pas donner de mes nouvelles à ma femme. J'aimais à me figurer son inquiétude, ses angoisses. Qu'étais-je devenu? elle ne pouvait le savoir, puisque, par précaution, je lui avais donné de fausses indications sur le lieu où je me trouvais. Je me disais que plus elle aurait éprouvé d'anxiété et plus elle serait heureuse de me voir, surtout lorsqu'elle apprendrait l'heureuse vérité. Quel plus grand bonheur pouvait survenir dans sa vie que ma guérison? C'était en quelque sorte une réparation du mal dont elle avait été la cause. Et j'étais convaincu qu'elle se reprochait chaque jour ma cécité comme une sorte de crime commis par elle...

Illusions! chimères!

Je jouissais d'avance de sa surprise...

Et je me résolus à arriver sans lui apprendre la vérité.

Un matin donc, je me mis en route. J'étais complètement guéri. Je voyais, et mes yeux ne demandaient plus qu'un régime de précaution auquel j'étais bien décidé à ne point déroger, sous aucun prétexte.

J'arrive donc chez moi.

Je sonne. C'est mon domestique qui m'ouvre.

Chose étrange! Il paraissait fort triste. Je supposai d'abord que ma vue lui rappelait la douloureuse infirmité dont j'étais atteint.

— Je ne suis plus aveugle! m'écriai-je.

Mais aucune joie ne parut sur son visage.

— Où est Madame?... demandai-je alors.

Le laquais hésita. Je pressentais quelque malheur.

— Eh bien ?

— Madame n'est pas ici...

— Où est-elle ?

— Je ne sais...

Puis, me précédant dans ma chambre, l'homme ouvrit le tiroir d'un meuble et en tira une lettre qu'il me remit.

— Une lettre pour moi !... Qui donc a pu m'écrire, puisque nul ne sait que je suis guéri ?

— C'est de Madame ! dit l'homme.

En vérité, la foudre fût tombée à mes pieds que je n'aurais pas été plus violemment frappé.

Je pris machinalement la lettre, et je fis signe au domestique de se retirer.

Je n'osais pas briser le cachet. Enfin je me décidai.

Voilà cette lettre, chef-d'œuvre monstrueux d'égoïsme :

« Monsieur,

« Je sais que vous êtes guéri. Je vous félicite de cette cure si heureuse et pour vous et pour moi : pour vous qui allez vivre selon vos goûts, pour moi dont le supplice est achevé. Ce qui est guérison pour vous s'appelle grâce pour moi. J'ai rempli ma mission, j'ai payé ma dette. Je reprends ma liberté.

« Je ne me sens pas au cœur la charité nécessaire pour vous pardonner... »

Ce préambule était si extraordinaire que j'en croyais

à peine mes yeux. Me pardonner!... à moi?... C'était grotesque. Mais la suite était digne de ces premières lignes.

« L'homme qui commet un crime par violence, par désespoir, par folie, est moins coupable que vous. Jamais bourreau n'a mieux connu l'art de torturer sa victime. La victime s'échappe, et elle fait bien.

« Vous m'avez contrainte à vous épouser, en exploitant deux sentiments sacrés : l'amour que je portais à ma mère et la reconnaissance que je croyais vous devoir. Vous avez exigé que ma vie tout entière vous fût sacrifiée. Ma mère n'a pas osé refuser, et moi-même j'ai eu la faiblesse d'obéir à je ne sais quel enthousiasme de martyre. Alors, loin de me savoir gré de mon dévouement, vous vous êtes ingéniée à étouffer en moi toute individualité ; j'ai été votre chose, votre bien, votre esclave. Vous ne vous êtes pas demandé si cet esclave avait un cœur, s'il avait une pensée qui lui fût propre. Non ; c'était votre propriété, et vous en avez usé et abusé de si effroyable façon que jamais pierre de tombe ne fut plus lourde que le poids de votre despotisme.

« Souvenez-vous. Ma mère vous portait ombrage. Il a fallu que je ne visse plus ma mère dont les visites, à votre avis, me distrayaient des soins qui vous étaient dus.

« Tout absorbé par l'amour de vous-même, vous avez oublié que vous aviez enchaîné à vous un être vivant... »

Il me répugne de transcrire les termes de cet incroyable réquisitoire.

Tout est noté, tout m'est reproché, jusqu'à mes lectures, jusqu'à mes promenades. O humanité! Chose atroce et révoltante !... J'étais le souffrant, j'étais l'infirme. Et c'était elle qui osait se dire malheureuse !...

J'arrive à la conclusion :

« Votre médecin vous a rendu la vue. *Vous n'avez plus besoin de moi.* Je pars retrouver aux colonies ma mère que vous aviez chassée...

« Vous avez touché le prix de l'expropriation ; vous êtes remboursé. Je vous ai donné deux années de ma vie. Par là encore vous êtes payé.

« Vous ne me reverrez jamais. Comme je ne sais pas être hypocrite, je ne vous adresse aucun souhait banal !... »

Elle a signé, et c'est tout.

Voilà une aventure qui m'arrive bien mal à propos. J'ai besoin de repos et de tranquillité d'esprit, et ce changement d'habitudes me sera peut-être préjudiciable...

IX

Mars 1886.

Il y a une justice au ciel.

Le vaisseau qui emportait cette femme ingrate a sombré en pleine mer... avec deux cents passagers.

C'est un terrible accident, et je ne réclamais pas un châtiment aussi prompt...

Je vais réunir les pièces nécessaires à la constatation de mon veuvage... et puis je songerai à me remarier...

Mais cette fois je compte être plus heureux...

LA PORTE

Ayant pris part à un dîner d'amis, en l'honneur de je ne sais quel anniversaire, il était sorti du restaurant, la tête troublée, un peu ivre peut-être ; non qu'il fût gros buveur, mais, nerveux, fébrile, il se grisait de bruit encore plus que de vin.

Une voiture passait, vide. Il héla le cocher, lui jeta son adresse, se laissa emporter, très calme, chantant à mi-voix une mélopée qu'il improvisait : il arriva devant sa maison, paya, sonna, cria son nom au concierge, monta l'escalier, prit sa clef dans sa poche, l'introduisit dans la serrure, ouvrit la porte, la referma, donna un tour de clef, et, à la lueur d'une veilleuse, simple mèche trempant dans l'huile et disposée comme d'ordinaire sur la table auprès de son lit, il se déshabilla et se coucha.

D'abord il ferma les yeux : accalmie profonde. Cependant, tout au fond de son oreille, tintait un son doux, comme d'une clarine dans la campagne, quelque chose de cristallin et de voilé en même temps, qui vibrait de la racine du nez au tympan, et auquel se mêlait un battement mat, pareil à celui de l'hagiosidère, qui est — on le sait — la cloche de fer et de bois dont les musulmans permettent l'usage aux chrétiens, en Orient.

Puis les deux impressions acoustiques, comme deux cordes qui se rapprochent, mêlèrent leur écho dans un frémissement plus aigre que sonore, qui s'effilait en un sifflement long, pointant d'une tempe à l'autre ; et tout l'orchestre se mettant peu à peu en branle, les notes d'un hautbois — encore voilées — glissaient entre les claironnements grêles d'une trompette au pavillon fêlé, tandis qu'en dessous du thème, crépitaient en accompagnement les heurts mous et précipités d'un marteau dont le fer était enveloppé de linges mouillés.

L'oreiller, animé d'un étrange mouvement de bascule, descendait et remontait sous la tête ; et dans la descente, il se creusait en un entonnoir au fond duquel une pompe aspirait le cerveau, pour ensuite le rejeter violemment.

Il ouvrit les yeux, l'impression de lumière devant imposer silence à cette symphonie de fièvre et contraindre l'oreiller, chose, en somme, inerte, à l'immobilité.

La veilleuse, sous l'action de quelque courant d'air, vacillait, sautillait, animée d'un mouvement alternatif qu'il suivait avec intérêt, tout en regrettant qu'il fût irrégulier et qu'il lui fût impossible d'en compter les modifications.

Cependant, sur le tapis, à la lueur, il vit quelque chose de noir, de large, qui avait de grosses antennes, inégales, élargies en éventail. Sa poitrine se serra, car il avait le dégoût des bêtes. Mais bientôt il reconnut que, son bras pendant hors de son lit, c'était l'ombre, projetée par la veilleuse, de sa main qu'il tenait ouverte les doigts écartés, sans le savoir.

Il se tint alors sur le dos, les yeux toujours ouverts, n'ayant plus qu'un râclement de couteau de bois tout autour des arcades sourcilières, tandis que sur la sclérotique il sentait lui pousser un repli, doublant la paupière, s'abaissant à la façon de la membrane nyctitante des oiseaux.

Étendu, il regardait devant lui, voyant des étincelles longues et étroites qui s'éloignaient en s'agrandissant, pour bientôt se rapprocher avec une acuité de pointe.

Sous son palais, une main invisible avait placé un bouchon dont la rondeur moite se collait de la luette aux dents.

*

Soudain, il vit, devant lui, un mouvement lent, continu. C'était la porte qui, doucement, doucement, s'ouvrait silencieusement, tournant sur ses gonds de velours.

Elle s'ouvrait, oui, quoique tout à l'heure il eût donné au pêne un tour de clef. Elle s'ouvrait avec des étirements d'aile, par une rotation régulière et large, l'angle grandissant de degré en degré. Aucune force humaine — c'était certain — n'aurait pu arrêter ce glissement qui découvrait un trou, haut, étroit, s'élargissant sans gagner en hauteur, et montrant, noir et inhabitée, une profondeur d'encre.

Immobile, il regardait, ayant aux épaules un mouvement de retrait, pliant le cou, pointant le menton, entr'ouvrant ses lèvres qui gonflaient.

Du trou ténébreux, ouvert maintenant dans toute sa largeur, rien ne saillissait, pas une silhouette, pas une ligne, pas un point : ce rien était un tel abîme qu'en dardant son regard il savait que jamais, jamais il n'en atteindrait le fond... le fond de rien !

Pourtant il attendait. Une porte — surtout quand elle a été fermée à clef — ne s'ouvre point sans donner issue à quelque chose. Ce quelque chose, quoi qu'il fût, serait logique, et guérirait l'angoisse inexprimable qu'il éprouvait, ayant les mains crispées, avec des sécheresses de parchemin raccorni.

Il attendait et rien ne venait soulager cette attente qui était une souffrance. La veilleuse dansait toujours, mais plus faiblement, Elfe qui, épuisée, tout à l'heure va tomber à terre. Alors il se décida.

Ce « quelque chose » qui ne venait pas, il fallait l'empêcher de venir. Il évolua sur lui-même avec des lenteurs de reptile lourd et se leva. Sentant le tapis sous ses pieds dont les plantes étaient cotonneuses, il s'élança, hâtif d'en finir, et il se jeta sur la porte, sans regarder. Il la ramena, la poussa, l'appliqua sur le cadre, d'une main la maintenant contre toute poussée qui serait venue — pourquoi pas? — de l'extérieur, de l'autre donnant à la clef une énergique torsion. Le pêne claqua. C'était fait. Il s'adossa au panneau, vainqueur.

Il revint à son lit. Sa tête retomba sur l'oreiller. Dormir! Sa peau était sèche, avec des fourmillements internes et brûlants. Dans son cerveau, l'infernale symphonie recommença, avec des tournoiements de sarabande. Un flot large roulait, giration bruissante, ronde de feuilles sèches. Un chapeau de fer s'était rivé à son crâne et l'encerclait, ayant à la coiffe des pointes d'acier. Les globes de ses yeux grossissaient, balles de caoutchouc élargies par un souffle continu. Evidemment ils jailliraient tout à l'heure de leurs cavités trop étroites. Mais le souffle cessa sans doute pour s'exercer en sens contraire, car les boules se rapetissèrent au point de n'être plus que des billes d'enfant.

Encore un peu, il n'aurait plus d'yeux du tout.

Si fait... assez pour voir la porte, cette porte infâme qu'il avait si bien fermée de nouveau, évoluer lentement, lentement, et toujours lentement, lentement se déployer, couvercle d'un sépulcre vertical... et lentement lentement le carré noir et long apparaître, plus large, plus large encore avec ses formidables profondeurs noires.

Ses mains se tordirent, sa gorge gloussa et la veilleuse, épuisée, s'éteignit.

Au matin, on le trouva mort, congestionné.

La porte était fermée à double tour, mais le pêne n'était pas engagé dans la gâche.

FERRÉOL

Jeune, brave, intelligent — il était né à Marseille — Ferréol avait pour principe de ne jamais s'étonner. Il laissait aux âmes faibles le vulgaire émoi de la surprise et ne craignait même pas, comme les anciens Gaulois, que le ciel lui tombât sur la tête. Cet incident lui eût paru fâcheux, mais n'eût pas ébranlé son sang-froid.

Il ne manquait de rien — étant bien de chez lui — menait joyeusement ses cinq lustres, tout éclairés de bien-être, faisait la nique au passé et riait à l'avenir.

A Paris, il rencontra Angèle.

Elle était adorablement jolie. Il l'aima. Il le lui dit. Elle écouta. Il la pressa. Elle résista. Il insista. Elle demanda le mariage. Logique avec lui-même, il ne s'étonna pas. Elle était vertueuse. Pourquoi ne pas l'épouser ?

Ferréol lui dit :

— Vous avez une famille ?

— Un père.

— Où est-il ?

— A Brest.

— Que fait-il ?

— Il radoube des vaisseaux.

Avoir un beau-père radoubeur rentre dans les contingences admissibles.

— Je pars, dit Ferréol.

— Pourquoi ?

— Pour demander votre main à M. votre père. Voilà comme je suis, moi ! Rien au lendemain. Pesé, vendu. Je vous aime, vous m'aimez... Hein ? Vous m'aimez ?

— Oui.

— Donc..., le train part à 8 heures du soir : à onze heures du matin, je suis à Brest. Je cours au radoub. Je vois votre père. Je lui pose la question. Il répond. Je suis ravi. Je reprends le train à 3 heures et après-demain, sept heures du soir, je vous dis : « Tu es à moi ! »

Elle rougit, eut un délicieux sourire et, murmurante, dit :

— Va !

**

Ferréol prit une voiture dont le cocher était ivre. Il ne s'étonna pas. A la gare, le préposé aux billets lui glissa deux pièces roumaines. Il ne s'étonna pas. Dans la salle d'attente, on lui vola sa valise. Il ne s'étonna pas. Dans le wagon, un Anglais — seul — occupa les quatre coins, un de sa personne, un de son parapluie, un de sa lorgnette, un du Bædeker. Ferréol ne s'étonna pas.

Le train dérailla. Enfantillage. Ferréol eut le nez à demi écrasé. Billevesée. Il y eut un retard d'heures multiples. Fadaise.

Le surlendemain, à l'heure dite — mais à vingt-quatre heures près — Ferréol débarquait à Brest, et, rapide comme un zèbre marseillais, enfilait la rue de Siam.

— Les ateliers du Radoub ?

— Sur la Penfeld, troisième bâtiment à gauche.

Ferréol ignorait absolument l'identité géographique de la Penfeld. Mais un homme comme lui ne demandait pas d'explications.

Il alla droit devant lui, comme celui qui sait très bien, tourna vers Saint-Sauveur, se heurta à la porte Gabon, rebondit sur la Madeleine, carambola sur le château, finalement vit sur un écriteau : Quai de la Penfeld — et intelligent, puisque Marseillais, devina qu'il était en bon chemin.

Il s'engagea sur le quai, faillit se rompre les jambes aux cordes goudronnées, se prendre aux pièges des anneaux, reçut force horions des porteurs de ballots et enfin tomba en arrêt devant un bâtiment sur lequel, en lettres noires, sur fond chique de tabac, s'écrasait ce mot unique :

— Radoub.

Cette chance ne l'étonna pas plus que le reste.

Il vit une porte, devina qu'elle devait servir à entrer,

tourna le bouton, pénétra et aperçut dans une salle noire un lit de camp et, sur ce lit de camp, un matelot qui fumait sa pipe.

Hirsute, embriqué, type du loup de mer.

**

— Monsieur Kénézek ? demanda Ferréol.

C'était le nom de famille de la bien-aimée... Angèle Kénézek.

— Il n'est pas là.

— Où est-il ?

— Au travail, donc...

— Où ça ?

— Là... dans le fond.

Et la main du matelot dessina du pouce une vague topographie.

— Eh bien ! j'irai le trouver au travail.

— Toi ? mon petit !

— Pourquoi pas ?

— Ça serait drôle...

— Ah çà ! pas de phrases ! j'ai à parler à M. Kénézek, affaire urgente et qui n'admet pas une minute de retard. Je veux le voir, je le verrai et tout de suite, dussé-je pour cela plonger au fond des enfers.

Le matelot sursauta, passa sa pipe de la canine de droite à la molaire de gauche, puis s'écria :

— Alors tu es de la partie ?

Ferréol ne comprit pas. Mais ses principes lui dictaient la réponse :

— Parbleu ! fit-il en se cambrant avec désinvolture.

— Alors ça va... je te conduirai. C'est à deux pas. Tu peux t'habiller ici...

S'habiller ! Tout autre que Ferréol eût esquissé un geste de surprise plus ou moins contenu. Mais lui, jamais ! Après tout, pour se présenter devant un beau-père, peut-être était-il convenable d'endosser l'habit noir.

— Allons ! reprit-il.

Le matelot fit deux pas vers une porte, puis s'arrêtant dit :

— Ah çà ! ne blaguons pas !

Il leva le bras et détacha un tableau graisseux pendu au mur; et lisant, il interrogea Ferréol comme suit :

— Tu n'es pas en état d'ivresse ?

— Moi ? Ah mais ! (se contenant) je n'ai pas un verre d'eau dans l'estomac.

— Y a-t-il plus d'une heure que tu as mangé ?

— Trois heures.

Ferréol eut une furieuse envie de demander si on se moquait de lui : un autre aurait succombé à la tentation ; lui, non !

— Tu n'es pas en transpiration ?

— Je suis sec comme une ardoise.

— Ardoise... tout à l'heure.

Ce tout à l'heure n'éclairait pas la situation.

— Tu es en bonne santé ?
— Je suis de bronze.
— Tu as l'esprit calme ?
— Un granit moral...
— Bien.
L'homme remit l'écriteau en place et ouvrit la porte.

*
* *

— Déshabille-toi !
Jusqu'ici Ferréol n'avait demandé personne en mariage. Mais bien qu'il eût l'esprit vif, il n'avait pas supposé que cet acte — important, il est vrai — dût être accompagné de pareilles formalités. Mais, comme il était de ceux que rien n'étonne, il ne broncha pas et obéit.

Il faisait presque nuit dans la pièce et Ferréol en était réduit aux conjectures.

Le matelot ouvrit un coffre et en tira un bonnet, un gilet, un caleçon et des chaussettes.

— Avec ça, fit-il, nique pour la transpiration !
— En effet, dit Ferréol en se couvrant de ces objets qui exhalaient une singulière odeur, extrait de goudron et d'algue marine — panaché.

Puis le matelot exhiba un vêtement verdâtre, pantalon à pied et à gilet, d'une étoffe solide et souple. Il fit asseoir Ferréol, l'aida avec la dextérité d'un valet de chambre émérite, lui passa le pantalon, lui laça de gros souliers, très lourds, introduisit les bras l'un après l'autre dans le gilet et remonta une collerette de cuir qui s'adaptait exactement aux épaules.

Sur le dos, il plaça un coussin, et, par dessus, une pèlerine de métal qui ressemblait à une cuirasse.

Ferréol se prêtait de grâce excellente à ce travestissement.

Une idée lui traversait le cerveau qui n'était pas sans flatter sa vanité.

Il songea aux chevaliers de l'ancienne Bretagne et se dit qu'Angèle, la douce Armoricaine, lui avait sans doute caché par modestie qu'elle descendait de quelque antique famille, des ducs de la Mer.

Pendant ce temps, l'autre continuait à l'ajuster, murmurant des phrases, récitées par cœur, comme la théorie du caporal :

— Faire pénétrer chaque bouton de la pèlerine de métal dans la boutonnière correspondante de la collerette de cuir. — Par-dessus la collerette ajuster les brides ou segments de cuivre, ainsi que les écrous à oreilles. — Visser ces derniers jusqu'à ce que la jonction du vêtement et de la pèlerine... etc.

C'était long. Mais Ferréol était patient. Il dit seulement :

— Vous êtes sûr que je verrai M. Kénézek?

— Oh! il ne s'envolera pas! répliqua le matelot avec un gros rire.

Puis il ajouta :

— Il n'y a plus que le casque. Nous le mettrons là-bas.

Puisqu'il n'y avait plus que le casque, le plus dur était fait. Cela ne serait plus qu'affaire de patience.

Le matelot prit sous son bras une sorte de boule enveloppée dans un sac de cuir. Le costume de Ferréol lui rappelant vaguement la camisole de force, il se dit que jamais condamné n'avait vu le bourreau porter déjà sa tête sous son bras, en le menant à l'échafaud.

D'ailleurs il ne s'agissait pas d'échafaud, mais d'amour.

Le matelot fit sortir Ferréol, le conduisit sur le quai, tourna à droite, puis à gauche, et arriva sur une jetée qui s'avançait dans un bassin de quelques dix mètres. A une courte distance, la coque noire d'un bâtiment dont Ferréol, par contenance, demanda le nom :

— C'est le *Duguay-Trouin!* Un rude trou à aveugler!

En toute autre circonstance, Ferréol eût peut-être prononcé quelques paroles sympathiques à l'adresse du *Duguay-Trouin*, blessé dans ses œuvres vives. Mais il était gêné aux entournures et se tut.

Le matelot appela un de ses camarades qui, sans mot dire, vint se placer derrière Ferréol.

— Ça va bien ?

— Parbleu ! fit Ferréol.

— Alors attention ! Tu vois, l'ardoise est accrochée à la ceinture, avec le crayon.

— Je vois.

Ce fut son dernier mot. A ce moment, d'un mouvement rapide et doux, les deux hommes saisirent le casque, dégagé du sac de cuir, le soulevèrent au-dessus de la tête de Ferréol, l'emboîtèrent jusqu'à ses épaules et serrèrent les écrous...

Ferréol, aveuglé, étouffé, eut un éblouissement. Un instant la nature faillit l'emporter sur la vigueur de son principe. Mais toute protestation lui parut inopportune.

*
* *

Il se sentit enlevé de terre, puis suspendu dans le vide ; puis une étrange sensation de froid lui monta des pieds à la ceinture, il y eut un remous au-dessus de sa tête. Il ouvrit les yeux tout grands, et à travers les hublots de son casque, il vit un poisson qui passait.

Certes, ces péripéties n'étaient pas banales. Mais pour avoir quelque mérite, c'est de l'étonnant seul qu'il convient de ne pas s'étonner.

Ferréol descendait avec une rapidité relative. Enfin il vit le fond de l'eau et, à quelques pas, un monstre à tête énorme et à yeux gigantesques, qui fit rapidement quelques pas vers lui, prit à sa ceinture une ardoise semblable à celle que portait Ferréol et, écrivant quelques mots, la lui montra.

Ferréol, qui avait des bourdonnements dans la tête, lut :

— Je suis Kénézek. Qu'est-ce que tu veux ?

L'instant était solennel. Ferréol eut une longue aspiration à laquelle se prêta complaisamment la pompe foulante, puis, le poumon satisfait et l'âme forte, il réfléchit.

De ce scaphandrier à grosse tête dépendait le bonheur de sa vie entière. Entre casques, on devait s'entendre Comme beau-père, un plongeur était convenable. Ce n'était pas une situation commune.

Ferréol prit à son tour l'ardoise et, quoique considérablement gêné, écrivit :

— Je m'appelle Ferréol, j'habite Paris. J'ai dix mille livres de rente. J'aime votre fille Angèle et j'ai l'honneur de vous demander sa main.

Il y eut un grondement sous le casque de l'aïeul. Il passa une algue sur son ardoise puis écrivit de nouveau :

— Épouse-la si tu veux, je m'en...

— Vous consentez? ardoisa vivement Ferréol, ravi et inquiet à la fois.

— Bon débarras! crayonna Kénézek; je consens, mais fiche-moi le camp, j'ai à faire.

Enthousiasmé, Ferréol voulu s'agenouiller devant le scaphandre paternel. Mais son vêtement gonflé tirait par en haut. Cet acte d'hommage respectueux lui fut interdit.

Cependant le père d'Angèle répétait sur l'ardoise sa parole suprême : « Fiche-moi le camp! » Et comme Ferréol, ne sachant comment s'y prendre pour remonter, ne se hâtait pas assez à son gré, il frappa cinq fois — selon l'ordonnance — la corde d'appel, Ferréol se sentit enlevé et, se frayant passage à travers une compagnie de dorades, reparut à la lumière des cieux.

— Ça ne fait rien ! lui dit le matelot en humant le verre de rhum que Ferréol lui offrit bénévolement, à ta place, j'aurais attendu dix minutes. Kénézek va remonter à cinq heures.

Il était cinq heures moins dix. Ferréol répliqua :

— Un homme comme moi n'attend pas dix minutes.

De retour à Paris, Ferréol épousa la fille du scaphandrier. Et il vit heureux, ce qui n'est pas parvenu à l'étonner.

TABLE DES MATIÈRES

— Le Pommier....... 1
Pendu pour Pendu........................... 11
La Comtoise................................ 53
Le Tout pour le Tout........................ 61
— Le Conte d'Or............................. 167
— Monsieur Mathias 209
Titane..................................... 219
Barabi-Bibari.............................. 237
Course-Vol................................. 249
Pauvre aveugle !........................... 259
— La Porte................................. 291
— Ferréol.................................. 297

www.ingramcontent.com/pod-product-compliance
Lightning Source LLC
Chambersburg PA
CBHW071517160426
43196CB00010B/1547